SAITO Tomohiro
斉藤智弘

臨床心理士になる方法

青弓社

デザイン 沢辺均・齊藤美紀［スタジオ・ポット］

まえがき

近年、さまざまな心の問題が注目を集め、社会的にも心の専門家の必要性が高まっています。

心の専門家としての資格は、短期間で簡単に取得できるものから、何年かの専門的な教育を受けたあとに得られる資格まで、いくつもあります。本書では、それらのなかでも「臨床心理士」に焦点を当て、将来、心理の専門として活躍したい方々のために、資格の概要や資格取得の方法、さらに資格取得後の就職についてまでを説明しました。

各学校にスクールカウンセラーが配置されたり、災害や事故が起こったときに心のケアのために臨床心理士が派遣されたりするなど、「臨床心理士」という資格について見聞きすることが増えてきました。職場でのストレス、自殺者の増加、引きこもりなど、社会が変化するにともなってさまざまな心の問題も表面化しています。

そのような背景もあってか、臨床心理士の資格を取得する人も増えています。臨床心理士資格試験の受験者数は、ここ二、三年は毎年二、三千人であり、資格保持者の数も累計で一万五千人を超えました。

筆者はこれまで、心理学系大学院受験と臨床心理士資格試験の専門予備校で多くの受験生の進学に関わる相談に乗ってきました。直接会うだけで年間二百人あまり、全国から（ときには海外からも）寄せられる電話やメールでの相談も含めるとその数倍の方々とお話ししています。

その多くは、資格についてよく知らないままに臨床心理士を目指そうとする人も見受けられます。もちろん臨床心理士の仕事についてよく調べ、正しい理解をもったうえで資格取得を目指す人もいます。臨床心理士とは「話を聞くカウンセラー」であると思っていたり、臨床心理士の資格を取れば就職に有利だという考えをもっていたりする人もいます（これは正しくもあり、間違いでもあります）。

このように人気が高まっている資格であるにもかかわらず、臨床心理士の仕事の実際や資格の取得方法については、あまり知られていないケースもあるのではないでしょうか。

このような経験から、臨床心理士の資格や大学院進学についてのわかりやすい解説書の必要性を、以前から感じていました。そこで、臨床心理士に興味がある人は臨床心理士としての仕事全般について、臨床心理士を目指して勉強を始めた人は具体的な勉強方法について、本書を読めば大方の疑問が解決されるように構成しました。しかし、個別的な内容については、本書では扱いきれなかったものもあります。そのようなことに関しては、大学院の説明会に参加して質問したり、いくつかの予備校で開催されている進学相談会などで受験のプロに相談するのも、ひとつの方法だと思います。

本書の構成は、次のようになっています。

まず第1章では、横浜国立大学の堀之内高久先生へのインタビューを紹介しています。

第2章では、臨床心理士の仕事について全般的に説明しています。

ここまでを読めば、臨床心理士がどのような分野で仕事をしているのか、また将来的にどのような活躍が期待されているかを知ることができるでしょう。

第3章では、臨床心理士になるにはどのようなコースをたどればいいかを紹介しています。高校生や大学生はもちろん、最近では社会人が臨床心理士を目指すケースが非常に多くなっています。そのような方が資格を取得するには、どのような方法があるかも説明しています。

第4章では、資格取得の第一関門である指定大学院に合格するための勉強方法についてふれています。実際に勉強を始めてみたものの、いまひとつやり方がよくわからないという人は、参考にしてください。

第5章では、指定大学院を受験する際に、勉強のほかに準備しておかなければならないことについて、詳しく解説しました。

第6章では、大学院入学後の生活や就職について扱いました。大学院に取材して、入学後から修了までがわかるようになっています。

第7章では、資格取得の第二関門である臨床心理士の資格認定試験についてふれました。大学院修了後に受験する資格試験の概要を、簡単に説明しています。

本書を読むことで、臨床心理士の仕事内容から試験対策の方法まで、一通りのことをご理解いただけると思います。

なお、臨床心理士資格試験の受験資格については、ここ一、二年で大きな変更が予定されています。また、指定大学院についても、毎年変更や追加がおこなわれています。さらに二〇〇五年には、臨床心理士の国家資格化の可能性について議論されました。このような変化については、可能な限り本書にも盛り込むようにしましたが、本書執筆後の新たな情報については、著者が運営するサイト「臨床心理士指定大学院受験の情報サイト」（URL http://www.master-cp.jp/）で随時お知らせしますのであわせてご参照ください。

第1章
巻頭インタビュー

臨床心理士の仕事を思い浮かべたときに、スクールカウンセラーやクリニックのカウンセラーなどを想像する人が多いのではないでしょうか。しかし、心理専門職が活躍できる場は、これまで考えられていた範疇にとどまらず、もっと広がりのあるものなのです。

これから臨床心理士を目指すみなさんは、過去に心理学が果たしてきた役割を知ることはもちろん重要ですが、そればかりでなく、これからの時代に、心理学専門職にはいったい何が求められるのか、また心理学専門職がどのようなことで社会に貢献できるのかも考えていくべきでしょう。

そこで、常に時代の先を見越して非常に幅広い領域で活躍されている横浜国立大学保健管理センターの堀之内高久助教授に、臨床心理士の果たす役割や臨床心理士を目指すみなさんに期待することなどについてお話をうかがいました。

堀之内高久（ほりのうち　たかひさ）

横浜国立大学保健管理センター助教授。筑波大学大学院修了。教育、福祉、ビジネスなど、さまざまな分野で心理臨床の実践に取り組むとともに、カウンセラーやスーパーバイザーの養成にも取り組んでいる。

また、大学発ベンチャービジネスである日本メンタルサバイバルセンター（http://www.nm381.co.jp/）を設立し、福祉従事者や経営者・管理職へのトレーニングなどを実施している。

著著に『介護職のためのストレス対処法』（中央法規出版、一九九八年）、『介護ストレス解消法――介護保険後の戸惑う現場へ』（中央法規出版、二〇〇四年）、『どうしてあなたは部下とうまくいかないのか？――職場での人間関係に困ったときに読む本』（フォレスト出版、二〇〇四年）などがある。

斉藤――最初に、先生は心理学のさまざまな分野でご活躍されていますが、主なものとして、現在どのようなお仕事をなさっているのかお聞かせください。

堀之内――まず教育分野では、不登校やいじめの問題に関わったり、罪を犯した少年の更正のお手伝いをしたりしています。心理療法は、パーソナリティーということを問題にしがちですが、私の場合はそれ以外にも、クライアントのニーズに応じてアプローチをおこないます。たとえば、不登校の子が「学校に行きたい」と求めているなら、学校に行けるようになるためのさまざまな活動――たとえば合宿をおこなったり、親のトレーニングをして子どもとの関わり方を学んでいただいたり、そのようなことを通して問題解決を図ります。

それからもう一つが、福祉の分野です。特に、高齢者介護をしている介護職の人たちのスキルトレーニングや、福祉コーチング、福祉スーパービジョンのトレーナーたちの養成などをしています。

介護現場の人たちは、熱心さとか情熱とかボランティア精神といったような、理念や精神主義では解決しない問題を抱えていることがあります。そのため、すぐに使えるノウハウを学ぶことが必要だという前提でやっています。

それから三つ目が、大学発ベンチャーの会社で経営者やマネージャークラス、管理職の人たちのスキルアップを図ることによって社内の人間関係をより活性化し、結果的にその会社が売り上げを伸ばし、さらに発展できるようにお手伝いをしています。この領域では、メンターとしてよりよい成功のための支援をすることもあります。

さらには被害者支援をやっています。たとえば、ビル火災で亡くなった方の遺族とか、運転をしていた車が事故を起こして家族を死なせてしまった当事者とか、あるいは交通事故で亡くなった方の遺族などのサポートをおこなっています。ほかにも、障害をもっている子を殺してしまった親御さんへの支援や学校全体のサポートなどもあります。

このような四つの柱がありますが、四番目の被害者支援は、ビジネス領域から得たお金をもとに、ボランティア活動として社会貢献をしているわけです。

斉藤――先生のお仕事のバランスとしては、それらの割合はどのようになっているのでしょうか。

堀之内――バランスよくとっていると思いますよ。もちろんこれ以外に、本務として大学で学生諸君へのカウンセリングをしていますから、これが中心となりますが。学生のカウンセリングでは、うつ病の人もいれば統合失調症の人もいるし人格障害の人もいるし、いろいろな学生諸君が来ます。

また、学生に対しては、〝成功支援プログラム〟というのを作っています。成功というニュアンスにはいろいろな解釈があるかもしれませんが、どうすれば成功していくかというノウハウのようなものを伝えていっています。学生のなかには本を書く人もいるし、数年後には会社を起こした人もいます。そのような社会的に成功し発展していくためのプログラムが、この成功支援プログラムなのです。

だから、本務は大学で、それ以外では四つの柱をバランスよくやっていると思っています。大学発ベンチャーというのも、僕が大学院で教えていた時代にたくさんのトレーナーやセラピストたちを育てたので、彼らが活躍する場を広げたいという思いもあってつくったわけです。

斉藤――その大学発ベンチャーについて、もう少し詳しくおうかがいします。先生が中心になって立ち上げた大学発ベンチャー、日本メンタルサバイバルセンターは、各方面から注目されていて新聞などでも報道されていますが、どういうきっかけで立ち上げたのでしょうか。また、そのお仕事の内容などをお聞かせください。

堀之内――あるとき、九州地方の離島にある養護施設で、スーパービジョンの依頼がありました。九州といえば、東京からは相当遠い。そこで、九州と東京をテレビ電話でつないで、スーパービジョンや子どもの心理療法をできるようなシステムを作ろうと考えたのです。ところが、いくつもの会社に問い合わせたところ、当時で三百万円くらいかかると言われました。そんなにお金がかかるのでは、すぐにはできません。虐待にあって非常に調子が悪い子に対してカウンセリングをおこなったり、あるいはスーパービジョンをおこなったりするというのは、直接、本人の表情を見ながらやる必要があります。だから、普通の電話では無理なんです。そのため、お金を作らなければいけないなという事情が、ひとつにはありました。

そんなとき、僕が神田昌典さんという非常に有能な経営者のチームをトレーニングしていくなかで、資金やお金を集められるような仕組みづくりを、彼らがやってくれたのです。会社は、ビジネスの領域からお金をいただいてそれをもとに社会貢献する、というような仕組みです。

もう一つには、当時の大学院生たちが育ってきたこともあって、彼らの活躍の場をつくろうという意図もありました。

経営者の方々とお付き合いするなかでわかってきたのは、このような活動は、個人でおこなうよりも、やはり会社としておこなったほうが信頼をもたれるということです。そこで、日本メンタルサバイバルセンターという会社をつくったわけです。

斉藤――では、日本サバイバルセンターでは、こちらの卒業生や先生の教え子のみなさんが活躍されているわけですね。

堀之内――そうです。そういう活躍の場をつくるというのも必要なことですからね。

斉藤――なるほど。ところで、先生のところにはさまざまな相談が持ち込まれてくるかと思いますが、最近の傾向というのをお感じになることはありますか？　こういった相談が多いとか、こういうことで困っていらっしゃる方が多いとか……。

堀之内――それぞれの領域によって違いはありますが、うつ病の方のセラピーというのが増えていますね。しかも経営者とか管理職とか、重要な仕事をしている方たちに多いんです。彼らは、仕事をしながらうつ病を治さなければならないという立場ですから、セラピーを求めて来られる方が増えていますね。それから、いかにして成功するか、成功の方法を学びたい、という人たちも多いですね。

だから、たとえば不登校の子たちというのは、われわれの感覚からいくと、そんなに根深い問題ではないという感じをもちますね。なぜなら、そのような子たちには、希望をかなえるようなお手伝いができるのですから。学校に戻りたいという希望であれば学校に戻れるようなお手伝いをすることができるし、学校がうまくいかないので転校か再受験したいということであれば、そのお手伝いができます。それから学校に行かない道を選んだ場合には、その子たちが生きやすいような手伝いもできるわけです。だから、それほど困難なことではないと思います。しかも、この場合は短期間での援助を基本とします。半年で十回のセラピーです。

斉藤――では逆に、困難だと感じることはありますか？

堀之内――困難といいますか、私たちのチームで扱わない、お手伝いしないという人たちは、人格障害者です。

斉藤――それは、なぜでしょうか。

堀之内――心理臨床をやるうえでは三つの条件があります。一つは継続する人でなければならないということです。継続するということは、素直に取り組んでいくという姿勢が必要になります。二つ目は、面接の場で小さな苦行に取り組むことができることです。三つ目が、われわれの能力の問題です。その三本柱がじょうずに機能してはじめて、成果を生み出せるわけです。

では、人格障害者に対してはどうかというと、三つの条件を満たすことが困難な場合があるのです。また、どんな臨床家にも専門分野・得意分野がありますから、われわれのチームでは、三番目の問題をクリアできる、さらに専門的な立場の方にリファーするようにしています。

斉藤――これまでのお話をうかがいますと、先生が心理臨床の対象にしていらっしゃるのは、何か問題を抱えていたり、あるいは悩みごとがあったりする方と、特にそのような問題はないけれどより自分を高めたい、成功していきたいという方、この二つの側面があったかと思います。

いままで、カウンセリングや心理療法というと、一般的には、問題があるとか不登校であるとか、そういった方の支援をイメージされると思うのですが、今後は、特に問題がない方に対する支援も必要ということでしょうか。

堀之内――そうです。これまでは問題を抱えている方の問題解決というのが心理臨床家の役割だと考えられがちでしたが、それはほんの一部です。健康でうまくいっている人がさらに健康によりよくなっていくという分野で、心理臨床家の果たす役割は非常に大きいということを、僕は声を大にして言いたいんです。

たとえば、不登校の子どもへのサポートはこれまでにもおこなわれてきましたが、それだけではなく、学校に行っている子がさらに健康になり、成功するように支援ができれば、学校なんていやじゃなくなるでしょう? 学校の場で、自分の価値観を高めたり、自己尊重力を深めたり、そのようなことを子どもたちがたくさん学んでいけば、仮に困難なことがあったとしても乗り越えていけるじゃないですか。そういう心理教育的な分野に、心理臨床をやっている人たちはもっと目を向けてほしいですね。

これは、学校だけではなく、会社という場でも必要なんです。経営者やマネージャーの人たちにいろいろなトレーニングをしていくと、会社全体がよみがえります。それを心理臨床の訓練を積んでいる人たちは手伝うことができるわけですから、そこまで領域を広げていくとものすごい活躍の場があるということをもっと知ってほしいです。

斉藤――そうすると、心理の専門家の活躍の場はまだまだ広がりがありそうですね。

堀之内――なぜその分野をみんなやらないんでしょうか？　それは、大学院教育が「問題を抱えている人たちを手伝うのが心理臨床だ」という発想をしているからです。そうではなくて、健康な人がさらに健康に、さらにハッピーに、さらに成功するためにはどうしたらいいかということを考えて援助していくことは、いま、とても求められていると思います。たとえばビジネスコーチングという方法がありますが、それさえも、心理臨床家でビジネスコーチングをやっている人はほとんどいないのです。

この分野では、アメリカだと、一カ月の間に二十分の電話相談を四回おこなうビジネスコーチングに月七万円から八万円で契約している経営者やビジネスパーソンがたくさんいます。そうすると、十人のコーチをするだけで、七十万から八十万円の収入になります。年収だと一千万円くらいでしょう。一般的には、大学院を出て年収がどれくらいあるかというと、現状では四百から五百万円くらいではないですか？

それは、みんなが限られた分野でしか仕事をしていないからです。ところがビジネスの世界に進出したらどうなるかというと、実力がありさえすれば、心理臨床の専門家がコーチをすることによって年収を一気に倍にすることができます。それなのに、心理臨床家の訓練を受けている人たちは、なぜ自らさらなる飛躍をしようとしないのでしょうか。

斉藤――私は、「日本では臨床心理士は職がない」とか、「非常勤の仕事を掛け持ちして、なんとか生活していける程度の収入だ」という話を、あちらこちらで耳にします。そして、臨床心理士とはそういうものだと信じている人たちが意外に多いという印象をもっているのですが、そうではないということですね。

堀之内――全然違います。臨床の分野で働きたいと思う人は、狭い枠のなかだけにとどまろうとせず、将来、五年後、十年後に、自分がどの領域に進出するかということを視野に入れて、いまどのような訓練を受けるべきかを考えなければなりません。特に若い人たちは、そのようなビジョンをもってください。

斉藤――先生のお話をうかがって、心理学が世の中に貢献できる領域はもっとずっと広いんだということに気づかされたような気がします。そう考えると、これから心理の専門家を目指すみなさんには、まだまだ可能性が開けていると感じます。

堀之内――僕の教え子で、ニューヨークに行っている人がいます。彼女はカウンセラーとして仕事をしていたのですが、その仕事を辞めて演劇の勉強を始めました。オーディションにも受かって、いまはトレーナーにもついているのですが、そのトレーナーが、「演劇論は読むな。心理学の本を読め」と言うのだそうです。そして、俳優の演劇力を高めていくために、心理臨床家がグループワークの手法を使って俳優教育をしているんです。

斉藤――それはおもしろいですね。

堀之内――俳優のトレーニングを心理臨床家がやっている。たとえば人の一生というテーマで劇を演じるとしましょう。劇を作っていく過程で、演じるその人自身の過去の人生を振り返ることがある。そうすると、ポジティブな面とネガティブな面がでてきます。それを表現してみたり統合していったりするようなトレーニングをおこなうわけです。これは、私がグループワークなどでおこなっている統合のトレーニングと通じる部分があるのです。

このようなことまでおこなわれている時代に、なぜ心理臨床家は問題を抱えている人だけを扱うのか、とても不思議です。

心理学は、人の成長とか成熟に大きく寄与できます。でも、そのためには当然、多くのノウハウやスキルを獲得する必要があります。だから、一党一派に属するのではなく、さまざまな領域を学び、スキル獲得の訓練を受け、自己成長のトレーニングを受けていくことをおすすめします。それがないと、ほんの狭い世界のことしか知らなくなります。有能なセラピストであれば、会社の社長から最近眠れないとか会社の経営で悩んでいるとか、そういった相談をされたときにも手伝えます。社内の人間関係がギクシャクしているときには、それを改善するためのコンサルテーションもできます。社内のチーム力をさらに伸ばしたいというときにもお手伝いできるでしょう。そのように広い世界で活躍できるように技能を高めてほしいと思います。

斉藤――そうしますと、カウンセラー自身も成長していかなければいけないということですね。

堀之内――そのとおりです。そのための訓練をいっぱい受けてほしいですね。

斉藤――ところで、心理の専門家になるにあたって、適性とか、もともとの向き不向きといったものはあるのでしょうか。

堀之内――心理臨床の原則は、手続きなんです。面接は手続きによってなされる。それを人間性とか精神論で語るのは、僕に言わせるとナンセンスです。心理臨床をやりたいという人たちは、人間に対する非常に深い関心や興味があるわけです。そういう人たちに対しては、僕は手続きをしっかり身につけさせることが必要だと思っています。

斉藤――では、特に向き不向きはないということですね？

堀之内――それは本人が決めることでしょう。

斉藤――それでは次に、先生ご自身のことについてうかがいたいのですが、先生はなぜ心理の道に進まれたのですか？

堀之内――こうなるようになっていた、というのが正直なところです。

斉藤――私は心理学の大学院に進むための予備校を経営しているなかで、多くの臨床心理士志望者から話を聞く機会があります。心理の道に進むきっかけや動機として、「かつて自分自身に問題があったため、その経験から心理学に関心をもった」とか、「会社で周りの人がうつ病になったときに自分は何もできなかったので、そのような人の支援ができるようになりたい」といったように、自分や周囲にきっかけとなるできごとがあった方が多いのですが、先生の場合は特にそのようなきっかけはなかったのでしょうか。

堀之内――きっかけというより、何をおもしろいと感じるか、何に関心をもっていたか、ということだと思います。人生では、いろいろな選択ができます。そして、選択というのは偶然や運に非常に左右されます。何かの情報に接したり、本を読んでおもしろそうだと感じたりして、その道に興味をもつということもあるでしょう。人生も偶然によって左右されていく部分があると思うのです。

なぜ心理士をやるのかと考えたときに、その理由は思い浮かぶかもしれませんが、それはほんのきっかけにすぎないのかもしれません。本当は、もっとほかにもさまざまな偶然が折り重なっているのかもしれないと思います。

僕の場合も、仕事をしているといろいろなアイデアがわいて、それを形にすると成果が上がる。そんなおもしろさを感じていました。

たとえば、教育相談室にいたときには不登校の子どもを見ていましたが、親の集いを開いたり、親に子どもとの関わり方のトレーニングをしたりしました。ほかにも、家族キャンプをおこなったり、餅つき会やクリスマス会を開催したり、そんなことをたくさんやってきました。でも、当時の状況から見れば、公立の相談機関で相談員がそんなことをするというのは非常識なことだったんですね。結局、教育相談員は三年間だけで契約を更新しないと言われたわけです。

斉藤――やはり相談員というのは相談室の中で……。

堀之内――そうです。でも、そんな形式だけにとらわれるのではなく、利用者やクライアントのニーズに応じてどんどん変えていくべきだというのが、僕の主張です。時代はどんどん変わっているし、人も変わっている。だから、その人に合ったものをつくり出していかないといけないのです。そのような考えが僕にはあるので、「人はみな違うのだから、その人に見合った何かをつくり出す」ということに関心のある人たちが心理士をするととてもいいと思います。

また、僕の持ち味は、欧米のいろいろな心理学のアプローチを日本の風土に合った形で取り入れ、クライアントに合わせて応用できるという点です。そのような自分のセンスや力を生かせる場所が、この分野だったという気がします。

それから、僕のなかでは、気持ちのいい仕事をしたいという考えがあります。不条理なストレスにさらされていやなことをしても、仕事としてはいい成果は出せない。仲間と気持ちのいい関係を築いて、クライアントとも気持ちのいいお付き合いをしたい。それが、僕がいちばんに希望していたことです。

斉藤――そのような気持ちのいい関係が築けるのが、いまのお仕事だったということですね。

堀之内――そうです。そして、結果的にみんなに喜んでもらえる。

たとえば、会社をつくったことでどんなことができたかというと、クライアントである会社からお金をいただくことで被害者支援ができます。私たちにお金を出した会社も、私たちがお手伝いすることによって、社内が改善されたり、社員のスキルアップを図ることができたりします。そういう、みんなが喜べるような仕組みを作っているのが、私たちの仕事なのです。

斉藤――福祉や教育の分野では特にそうかもしれないのですが、とかく人に奉仕をするとか人のために尽くすことに対して、お金をとってはいけないとか、ボランティアかもしくは安いお金でやるべきだといったような考え方が日本では根強いような気がします。でも、それだけでは組織の運営はできません。お金もきちんともらって、もらったお金を別のところで生かすという考え方でやっていってもいいということですよね。

堀之内――そうです。福祉や教育ではたくさんのお金はもらえないので、ビジネス領域からいただいたお金を福祉や教育の分野で社会貢献として活用するような、そういう発想に変えていかないといけないでしょう。

斉藤――そうすると、うまくお金が回っているという感じですね。

堀之内――そうです。だから、心理臨床家の人たちは、自分たちの仕事が安い値段でないと受け入れられないというような発想をなくすようにしなければいけないと思います。お金をいただけるところからはいただく。そのかわり、あまりお金を出せない人には、お金の心配をせずにサポートしていけるようにするのです。

もちろん福祉の分野でも、その方に見合ったお金をいただくということはとても親切なことだと思います。でも、それ以上に、われわれの技術・能力を使って、その方たちが幸せになるようなことをするのが当然だ、というような感覚が必要でしょう。

心理臨床家・カウンセラーの人たちが訓練を受けるためには相当なお金がかかるのですから、お金を稼げるようにしなければ心理臨床家も不幸だし、クライアントも不幸です。だって、お給料が安くてトレーニングを受けられないから質の高い仕事ができませんでしたなんて、ナンセンスでしょう?

斉藤――そうですね。資格を取ったあとも常に勉強にお金がかかりますからね。

堀之内――常に常に訓練ですよ。本当に訓練です。僕は昔、教育相談室にいたのですが、そのころは月給が十二万円くらいだったかな。それでも当時で十五万円くらいの合宿に参加したり、毎月トレーニングを受けたりするなど、結構な金額を訓練に使っていました。いま考えれば相当な投資ですね。

斉藤――専門家はそうやって自分に投資して、自分を高めていく必要があるということですね。

堀之内――そうです。ただし、いいトレーナーから訓練を受けないとだめです。

斉藤――トレーナーといってもいろいろなんですか？

堀之内――それはもちろんです。なかには、金返せ！と言いたくなるような訓練もあります（笑）。だからいいトレーナーを探し出して、その訓練を受けることが絶対に必要です。

斉藤――いいトレーナーを探すポイントというのはあるのでしょうか。

堀之内――ありますね、やっぱり。

斉藤――ちなみに、どんなふうにしてトレーナーを探していけばいいのですか？

堀之内――日本のトレーナーは、学会にも出ないで小さな世界でやっている人たちがたくさんいます。閉ざされたこぢんまりとした世界でトレーニングしている気がします。

ですから若い人たちは自分のセンスを信じて、たくさん本を読んだりネットを見たりして、もっと広い分野でどういうトレーナーが活躍しているかを調べることをおすすめします。そして、五年後、十年後を見越して、時代はどう変わるのか、そのとき何が求められるのかを考えてトレーニングを受けるといいでしょう。

斉藤――なるほど。まだまだおうかがいしたいお話はたくさんあるのですが、そろそろお時間も近づいてきましたので、最後に、これから心理の道に進みたいという方に対して、期待することやメッセージなどがありましたらお聞かせください。

堀之内――いまあるさまざまな理論や方法論は、若い君たちが乗り越え、つくり直して、より創造的なものにする必要があると思います。僕がトレーニングをしているメンバーには、よく『花伝書』の「守破離」の話をします。ですが、本当は、「守破離」の前に「型《かた》」というのがあって、まずは型を身につける。そして、そのやり方を守っていくと、築いたものをやがて破壊するときがきます。オリジナリティをつくり出すときがくるのです。

でも、破壊するためには、「型《かた》」と「守《しゅ》」、すなわち守るということを修行していかなければなりません。修行の過程でいろいろなやり方を学び、そのうえで破壊的・創造的な段階である「破《は》」「離《り》」に進めます。

だから、「破《は》」と「離《り》」の段階に進めるくらいの能力を蓄えてほしいです。そして、新しいものをつくり出してほしい。現在の心理臨床やカウンセリングの技法を発展させてつくり変えていくのは、いまの若い人たちです。それが二十一世紀の心理臨床家の役割なんです。そういう心積もりで、大いに鍛錬してほしい。

そうすれば、働く場所はたくさんあります。私は、教育から始め、老人ホームの経験から福祉分野に進出して、いまはビジネス界にはたらきかけています。このような自分のプロセスを見ても、若い人たちが活躍する場はたくさんあるといえます。これからの新しいカウンセラー像、心理臨床家像を、みんなでつくっていってほしい。それが、若い人たちに期待することです。

斉藤――ありがとうございました。この本を読んだ方には、先生のメッセージを受け止めて、活躍の場をどんどん広げていってほしいと思います。

（二〇〇五年十月二十日）

第2章 臨床心理士とは

2-1 臨床心理士とは

臨床心理士とは、心の問題について心理学的な方法を使ってアプローチする「心の専門家」ということができます。日本ではカウンセリングに関する法整備が遅れていて、まだ国家資格としての心の専門家の資格は、存在しません。心の専門家に対する呼び方も、「カウンセラー」「心理療法士」「セラピスト」などさまざまです。資格についても、いくつもの団体が独自に資格を設けている状況です。

そのなかで臨床心理士は、文部科学省が認可する財団法人日本臨床心理士資格認定協会が資格認定をおこなっている財団法人認定の資格です。

日本臨床心理士資格認定協会とは、一九八八年に設立され、九〇年に文部省（現・文部科学省）から財団法人として認可された団体です。

臨床心理士の資格を得るためには、基本的には指定された大学院の修士課程を修了して、資格試験に合格しなければなりません。大学院二年間の課程で所定のカリキュラムを修了し、なおかつ資格試験に合格してはじめて取得できるのが、臨床心理士です。

また、この資格の特徴として、五年ごとの更新制度があげられます。また倫理綱領に基づいて、不法行為があった場合には免許停止になることもあります。そして、資格取得後も研鑽を積むことで、臨床心理士の質を保証しています。

このように、心理カウンセラーなどの資格はたくさんありますが、指定された大学院を修了し、資格試験に合格しなければならないことと、文部科学省認可の財団法人の資格であるということなどが、臨床心理士の大きな特徴としてあげられるでしょう。

2-2 臨床心理士はこんなところで活躍しています

臨床心理士は、たいへん幅広い場で活躍していますが、大きく分けると七つの領域に整理することができます。その七領域とは、「保健・医療」「教育・研究」「福祉」「産業」「司法・矯正」「開業」「その他」です。

それぞれの領域には、どのような職場があるのでしょうか。

①保健・医療：病院、クリニック、保健所、リハビリテーション施設、精神保健福祉センターなど。

②教育・研究：スクールカウンセラー、学生相談室、心理教育相談室、教育相談所、教育センター、教育研究所、各種研究機関など。

③福祉：児童相談所、児童福祉施設、女性母子相談施設、身体障害・知的障害相談施設、高齢者福祉施設など。

④産業：企業内の健康管理室や相談室、障害者職業センターなど。

⑤司法・矯正：家庭裁判所、少年鑑別所、少年院、刑務所、保護観察所、警察関係の相談室、犯罪被害者相談室など。
⑥開業：個人開業相談室、カウンセリングセンターなど。
⑦その他：

これらの領域で働いている臨床心理士に、もしかするとあなたも接したことがあるかもしれません。あなたが大学生なら、きっと学校内に学生相談室やカウンセリングルームなどがあるでしょう。そこでは、臨床心理士が学生の心の相談に乗っています。また、小・中・高等学校のスクールカウンセラーもその多くは臨床心理士ですから、直接接する機会があったかもしれません。お勤めの方であれば、社内の相談室に臨床心理士がいるケースがありますし、研修の一環として臨床心理士からメンタルヘルスに関する話を聞いたこともあるでしょう。

このように、臨床心理士は、意外と身近なところにもいます。その一方で、臨床心理士が活躍している領域は非常に広いため、意外なところで臨床心理士が活躍していることに驚かれたかもしれません。

社会が複雑・多様化していくなかで、心の問題もまた複雑化しています。これまでに考えられていた領域に加えて心の専門家が必要とされる場はますます広がっていくことでしょう。

2-3 精神科医やカウンセラーとの違い

心の問題に関わる仕事をする人に、精神科医がいます。精神科医と臨床心理士の違いはどこにあるのでしょうか。

すぐに思い浮かぶ違いとしては、精神科医は医師免許をもっているが、臨床心理士はそうではないということでしょう（もちろん、臨床心理士の資格をもっている医師もいます）。したがって、精神科医は、医学的な知見をもとに病気を診断したり薬を処方したりします。一方で臨床心理士は、心理学的な知見を基礎として、心理療法をおこなったり査定をおこなったりします。

医療分野では、診断や薬の調製は精神科医がおこない、心理検査やカウンセリングは臨床心理士が担当するということもあるようです。医師は時間をかけて検査やカウンセリングをおこなうことができにくいため、臨床心理士と役割分担しているのです。もちろん、どの病院・クリニックでもこのようなやり方をしているわけではなく、精神科医自身がカウンセリングをおこなうこともももちろんあります。

また、精神科医は心の病をもつ人を対象としていて、健康な人を対象とすることはあまりありません。これに対して臨床心理士は必ずしもそうとはいえず、家族関係、子育て、職場の人間関係、仕事上のストレス、自身の性格の悩み、将来の進路・職業適性の相談など、扱う相談内容が多岐にわたります。仕事の領域も、精神科医が主に医療・保健分野を中心とするのに対して、臨床心理士は教育、福祉、司法、産業など、多くの分野で仕事をしています。

ところで、カウンセラーと呼ばれる人たちと臨床心理士との違いは、どのようなところにあるのでしょうか。

すでに述べましたが、いわゆるカウンセラーの国家資格というのはまだ存在しません。現在のところカウンセラーというのは、誰でも名乗ることができます。極端なことをいえば、自分が「私はカウンセラーである」と名乗っただけで、誰でもカウンセラーにはなれるのです。

しかし、「臨床心理士」は、臨床心理士の資格試験に合格した人だけに与えられる名称です。資格試験は、通常は大学院で二年間の課程を修了し、心理学という学問をベースとした知識や技能を身につけてはじめて受験できます。心理学関連の資格のなかでは、大学院レベルの教育が必要とされるものはほとんどありません。それに加えて臨床心理士は、文部科学省が認定した財団法人の資格であるという点でも、ほかの資格と異なった特色をもっています。このように、資格を取得するまでに高度な教育・訓練を受ける必要があり、一定以上の高い質が保証されているといえるのが臨床心理士です。

このほかにも、臨床心理士の仕事は、カウンセリングをおこなうことに限定されているわけではなく、心理査定（心理検査など）をおこなったり研究をおこなったりするなど、さまざまな役割があることも特徴といえるでしょう。

なお、職場によっては、心理専門職を「心理カウンセラー」「心理判定員」などと呼んでいるところもあります。そして、このような職種に就いている人が臨床心理士の資格を保持したうえで働いていることもまれではありません。

2-4 臨床心理士の四つの専門性

では、臨床心理士はどのような業務をおこなうのでしょうか。

「臨床心理士資格審査規定」第十一条には、「臨床心理士は、学校教育法に基づいた大学、大学院教育で得られる高度な心理学的知識と技能を用いて臨床心理査定、臨床心理面接、臨床心理的地域援助及びそれらの研究調査等の業務を行う」と記されています。

ここにあげられた四つが、臨床心理士の業務であると同時に、臨床心理士の専門性でもあるのです。

2-4-1 臨床心理査定

心理査定では、対象者（クライアント）についてのさまざまな情報を得たり評価したりします。

その方法としては、まず心理検査があげられます。心理検査では、目的に応じた心理検査を用いて、たとえばクライアントのパーソナリティーや発達水準などを査定します。

心理査定で使われる心理検査にはたいへん多くの種類があり、大学で心理学を専攻した人なら、そのいくつかを講義や実習を通して学んだことと思います。大学院では、この査定についてより専門的に学びます。

このほかには、クライアントの生活史や家族関係、本人の状況などを面接で聞き取っていく査定面接や、グループ場面や遊戯場面での様子を観察してクライアントの理解に役立てる行動観察などもあります。

2-4-2 臨床心理面接

臨床心理査定とならんで臨床心理士の中心的な仕事となるのが、臨床心理面接です。通常は、カウンセリングや心理療法のことをさすと考えていいでしょう。この臨床心理面接には、クライアントと臨床心理士が一対一でおこなうものもあれば、家族などの集団でおこなうものもあります。

面接ができるようになるには知識と実践の両方が必要ですが、大学院ではその両面を、講義や実習を通して身につけていきます。

2-4-3 臨床心理的地域援助

臨床心理が対象にするのは、個人だけではありません。家族や仲間、職場、学校、地域社会なども対象になります。そのような個人を取り巻く環境に対してはたらきかけをおこなうのが、地域援助です。

したがって、相談室や面接室の中で、クライアントとカウンセラーが一対一で関わるとは限りません。むしろ、学校や職場などが関わりの場となります。そして、そのような場で、心の問題の発生予防のための活動や、心の健康に関する情報提供などをおこなっていきます。

2-4-4 研究・調査

臨床心理士は、調査・研究をおこなうことによって専門家としての能力を高めていったり、ほかの臨床家と知見を共有していったりします。そのために臨床心理士は学会に所属して研究発表などをおこなっています。

これら四つの活動が、臨床心理士に求められる仕事です。また、これらの活動を通じて臨床家としての資質を高めることはとても大切なことです。自己の資質を高めたり、専門性に磨きをかけたりすることは、ひいては、クライアントや地域社会への貢献につながるからです。

2-5 臨床心理士の資格を得るには

臨床心理士の資格を取得するには、どうすればいいのでしょうか。

まず、最も一般的な方法としては、指定された大学院に進学することがあげられます。大学院の修士課程（もしくは博士前期課程）を修了したのちに臨床心理士資格試験を受験し、合格すると臨床心理士の資格が得られます（ただし、のちに詳しく述べますが、第一種指定校修了者は、修了した年の資格試験を受験でき、第二種指定校修了者は、修了後一年以上の実務を経験したあとに受験できます）。

このほかに、外国で指定大学院と同等以上の教育を受けた人は、二年以上の心理臨床経験があれば資格試験の受験が可能です。

また、医師の免許をもっている場合も、取得後二年以上の心理臨床経験があれば受験できることになっています。

なお、指定大学院以外の臨床心理学関連のコースを修了して定められた臨床経験を経た人は、二〇〇六年度（平成十八年度）に実施される資格試験を受験できますが、制度の変更によって今後は受験できなくなります。

このほかにも、以前は大学で心理学を学び実務経験が五年以上あれば、大学院を修了していなくても資格試験を受験することができました。しかし現在では、基本的には大学院を修了していなければ、資格試験を受験することはできません。

受験資格の詳細については本書でも第3章であらためて取り上げますが、制度が徐々に変わってきていますので、特に指定大学院を修了していない人は、自分に受験資格があるかどうかなどを事前に確認することをおすすめします。
※受験資格については、日本臨床心理士資格認定協会が監修している『臨床心理士になるために』（誠信書房）の最新版に詳細が掲載されています。

2-6 関連資格の紹介

心の問題やカウンセリングに関する資格は、臨床心理士のほかにもたくさんあります。また、心理学の周辺領域の資格も数多く存在します。ここでは、それらの資格のうち、特に臨床心理士と関わりのあるものをいくつかご紹介しましょう。

2-6-1 産業カウンセラー

臨床心理士は、文部科学省認定の協会が資格の認定をおこなっていますが、一方、産業カウンセラーは、厚生労働省が認定した社団法人日本産業カウンセラー協会が認定する資格です。

次のいずれかに該当する人に受験資格があります。

（1）大学において心理学又は心理学隣接諸科学を専攻し学士の学位を有する者
（2）旧大学令による大学において、心理学又は心理学隣接諸科学を専攻し学士の学位を有する者
（3）成年に達した後に、カウンセリング業務又は人事労務管理に従事した期間が通算四年以上で

ある者
（4）成年に達した者で、協会若しくは協会が他に委託して行う産業カウンセリングの学識及び技能を修得するための講座又は協会がこれと同等以上の水準にあるものとして指定した講座を修了した者
（5）成年に達した者で、協会が行う産業カウンセラー通信講座を修了した者

（日本産業カウンセラー協会ホームページから）

これまで心理学を勉強したことがない人でも、通信講座などを受講することによって産業カウンセラーの受験資格が得られます。

仕事の場としては、主に企業内の相談室や人事関連の部署が考えられます。なお、日本産業カウンセラー協会では、「産業カウンセラー」のほか「シニア産業カウンセラー」「キャリア・コンサルタント」の試験も実施しています。

2-6-2 認定心理士

認定心理士とは、社団法人日本心理学会が認定するもので、心理学の専門家として仕事をする

ために必要な、最小限の標準的基礎学力と技能を修得していると認められた人に与えられる資格です。

資格申請の条件は、

（1）十六才以降少なくとも二年以上日本国に滞在した経験を有する者。

（2）学校教育法により定められた大学、または大学院における心理学専攻、教育心理学専攻、または心理学関連専攻の学科において、別表に掲げる科目を履修し、必要単位を修得し、卒業または修了した者、および、それと同等以上の学力を有すると認められた者。

（日本心理学会ホームページから）

となっています。

（2）については、次の科目を総計三十六単位取得することが必要となります。

①基礎科目（十二単位以上）

（A）心理学概論

（B）心理学研究法

（C）心理学実験・実習

②選択科目（十六単位以上）

（D）知覚心理学・学習心理学

（E）教育心理学・発達心理学

（F）生理心理学・比較心理学

（G）臨床心理学・人格心理学
（H）社会心理学・産業心理学
③その他の科目
（I）心理学関連科目、卒業論文・卒業研究（原則的にAからHの複数の領域に関わる心理学関連科目および卒業論文・卒業研究最大四単位まで）

認定心理士は心理学を学んだ人の基礎的な資格という位置づけですので、心理学に関連する学部・学科に在籍する人なら、取得基準を満たすのはそれほど難しいことではありません。「心理学科」という名称を用いていないものの、履修の内容は心理学専攻と似通っているところもありますが（「人間○○学部」や「国際○○学部」など）、そのようなところで学んだ人でも、履修科目の条件を満たせば取得できます。

仕事に直結する資格ではないかもしれませんが、この資格は一応の心理学の基礎的な素養があるかどうかの目安になります。

2-6-3 作業療法士

リハビリテーションの現場で、心身に障害をもつ人たちが身の回りのことに主体的に対処できるように、作業活動を通して心身機能の回復や維持・開発をサポートしています。

作業療法とは、「身体または精神に障害のある者、またはそれが予測されるものに対してその主体的な活動の獲得をはかるため、諸機能の回復・維持および開発を促す作業活動を用いて行う治療・指導・援助を行うこと」(日本作業療法士協会ホームページから)であり、その業務にあたるのが作業療法士です。

作業療法士の活躍の場は広く、医療分野をはじめ保健、福祉、教育、職業などさまざまな分野で仕事をしています。また、対象とする年齢も、子どもからお年寄りまで幅広いのです。

作業療法士になるには、まず、作業療法士を養成する専門学校や短期大学・大学(文部科学大臣または厚生労働大臣によって指定されている)を卒業する必要があります。その後、国家試験に合格して作業療法士となるのです。

なお、作業療法士は、Occupational Therapist の頭の文字をとってOTとも呼ばれています。

2-6-4 理学療法士

特にリハビリ関連の資格としては、作業療法士とともによく知られています。理学療法は、身体に障害のある人たちに対して基本的な動作能力を回復させるために治療体操や電気刺激、マッサージ、温熱療法などをおこなうことをいいます。

それらをおこなう専門職としての国家資格が理学療法士です。理学療法士は、Physical Therapistの頭の文字をとってPTと呼ばれます。

理学療法士の仕事の場としては、病院やリハビリテーション施設のほか、老人や障害者の福祉施設などがあげられるでしょう。

理学療法士になるには、作業療法士と同様に、専門学校や大学での養成課程を修業したのちに国家試験に合格することが必要になります。

2-6-5 言語聴覚士

言語・聴覚・発声・発音・認知などのコミュニケーションに関わる機能が損なわれた人に対して

専門的なサービスを提供するのが、言語聴覚士です。

発達上の言葉の遅れから、病気や事故による失語症、聴覚障害まで、非常に幅広く扱います。そのため、小児から高齢者までを対象として、検査・評価、訓練、指導、助言、その他の援助をおこなっています。また、摂食・嚥下の問題にも対応します。

活躍している領域も、医療機関、保健・福祉機関、教育機関など広範囲にわたっています。

言語聴覚士になるためには、文部科学大臣が指定した大学（四年制大学、三年制短期大学）、または厚生労働大臣が指定した言語聴覚士養成所（三年ないし四年制の専修学校）を卒業後、国家試験を受験して合格するのが一般的なルートです。

コミュニケーションに障害を負った場合は心理的な援助が必要なことも多いため、心理学とも関わりが大きい仕事といえるでしょう。

2-6-6 社会福祉士

社会福祉士は、「専門的知識及び技術をもって、身体上もしくは精神上の障害があること、または環境上の理由により日常生活を営むのに支障がある者の福祉に関する相談に応じ、助言、指導その他の援助を行う」（日本社会福祉士会ホームページから）専門職です。

児童福祉施設・障害者施設・老人福祉施設・医療施設などをはじめとする福祉関連の施設が主な職場です。

社会福祉士になるためには、社会福祉士国家試験に合格しなくてはなりません。そして、この国家試験を受験するためには、受験資格を満たしている必要があります。基本的には福祉系の大学や短期大学などで指定科目を履修した人のほか、一定の実務経験がある人にも受験の道が開かれています。

2-6-7 精神保健福祉士

精神保健福祉士は、「精神障害者の保健及び福祉に関する専門的知識及び技術をもって、精神病院その他の医療施設において精神障害の医療を受け、又は精神障害者の社会復帰の促進を図ることを目的とする施設を利用している者の社会復帰に関する相談に応じ、助言、指導、日常生活への適応のために必要な訓練その他の援助を行う」(精神保健福祉士法第二条)専門職です。

働く場としては、精神科医療機関、精神障害者社会復帰施設、保健所、精神保健福祉センター、小規模作業所やグループホームなどがあります。

国家試験の受験資格は、大学や短期大学で指定の科目を履修した人が得ることができます。

ここで取り上げたもののほかに、医療分野であれば医師や看護師、教育分野であれば教師や養護教諭など、臨床心理士は、仕事をするうえでさまざまな人たちと連携をとっています。

コラム

心理療法には、大きく分けて三つの流れがあるといわれています。

まず、「精神分析」では、葛藤が無意識の世界に抑圧されることによって心理的問題が生じると考えます。そのため、無意識を意識化することによって治療を進めます。

次に「人間性心理学」は、カール・ロジャースによって創始されたクライアント中心療法などに代表される方法です。ここでは主に、クライアントの感情や態度をあるがままに受け止めて伝え返していきます。近年ではロジャースは全体をパーソン・センタード・アプローチというようになっています。

それから「行動療法」は、心理的問題を不適切な学習の結果または適切な学習がなされていない状態と考えます。そして学習心理学から得られた知見を応用して、不適切な学習を消去するか、適切な学習を成立させるなどしていきます。

この三つの大まかな流れは心理療法の基本ですが、心理の専門家が用いる療法・技法をこまかく見ていくと、たいへん数多く存在します。いくつかキーワードをあげておきますので、興味のある人は調べてみるといいでしょう。

「論理療法」「行動療法」「認知行動療法」「系統的脱感作法」「家族療法」「ブリーフセラピー」「心理劇」「遊戯療法」「箱庭療法」「ゲシュタルト療法」「ロゴセラピー」「自律訓練法」「動作法」「森田療法」「内観療法」「EMDR」

第3章

臨床心理士になるには

3-1 受験資格

臨床心理士の資格試験には「受験資格」が定められていて、この受験資格に該当する人だけが資格試験を受験できます。

すでに第1章でも簡単に紹介しましたが、ここでは受験資格について、もう一度、整理してみることにします。

これから臨床心理士を受験しようとする場合は、次の四つのいずれかの条件に当てはまる必要があります。

（1）第一種指定大学院を修了（修了後の心理臨床経験不要）
（2）第二種指定大学院を修了（修了後一年以上の心理臨床経験）
（3）諸外国で（1）（2）と同等以上の教育歴、および二年以上の心理臨床経験を有する
（4）医師免許取得者で、取得後二年以上の心理臨床経験を有する

このほか、指定大学院以外の大学院で心理学を専攻し、修了後一年以上の心理臨床経験がある人や、心理学隣接諸科学を専攻し修了後二年以上の心理臨床経験を有する人は、二〇〇六年度（平成十八年度）の試験までは受験が可能です。

なお、心理臨床経験には基準があり、「教育相談機関、病院等の医療施設、心理相談機関等で心理臨床に関する従事者（心理相談員、カウンセラー等）としての勤務経験。なお、有給を原則とするので、「ボランティア」「研修」等は認められない。また、大学、大学院修士課程（博士課程前期）在学中の経験はこれに該当しない」と定められています。

これから臨床心理士を目指す方は、まずは、受験資格のうちいずれかを満たすようにしなければなりません。

（3）もしくは（4）に該当するなら、大学院に進学する必要はありません。そのまま資格試験を受験することができます。ただし、（3）の資格で受験する場合は、自分の教育歴が「（1）（2）と同等以上の教育歴」として認められるかどうかを、あらかじめ試験実施団体に問い合わせて確認しておいたほうがいいでしょう。

3-2 指定大学院とは

これまで述べてきたとおり、臨床心理士になるには、まずは日本臨床心理士資格認定協会から認定された大学院を修了しなければなりません（海外の大学院を修了していたり、医師の資格をもっているなら別です）。

この大学院を、一般に指定大学院とか指定校と呼びます。指定大学院は全国に百四十校あまりあり、臨床心理士の養成などをおこなっています（指定大学院一覧を巻末に掲載しました）。そして、この指定大学院には、「第一種」と「第二種」の別があります。この二つの間にはいくつかの相違がありますが、受験生にとっての最も大きな違いは、資格試験の受験資格を得るまでの期間が異なることでしょう。

第一種の指定大学院は、大学院修了後、直近に実施される資格試験を受験できます。資格試験は例年十月ごろに第一次試験が実施されますから、つまり、大学院を修了した年の十月に資格試験を受験できるということになります。

一方、第二種の大学院を修了した場合は、資格試験受験までに、大学院修了後一年以上の心理臨床に関する実務経験が必要です。この場合は、最短でも大学院を修了した翌年の十月に試験を受験することになります。

このほか、第一種の大学院では、学生の実習機関としても利用される付属の臨床心理相談室が設置されていますが、第二種では必ずしも設置が求められているわけではありません。相談室が設置されていない大学院では学外の機関と利用契約が結ばれているので、そこを利用します。

また、臨床心理士の資格を有する教員の数も、その基準が異なります。

このように、第一種の大学院と第二種の大学院とでは、いくつかの違いが見られます。ただ、この違いは、もちろん教育内容に優劣があるということを意味するわけではありません。

3-3 大学への編入について

心理学系の大学院に入学するには、大学時代に心理学を履修していなければならないかというと、必ずしもそういうわけではありません。ほとんどの大学院では、心理学専攻でない学部の卒業者も、心理学卒の場合となんら変わりなく受験できます。

入試では、心理学の専門知識や英語、研究計画書、面接などを総合して合否が決まります。したがって、それらの対策をしっかりおこなうことで、大学時の専攻にかかわらず誰にでも合格のチャンスはあるといえます。

しかし、大学で心理学を学んでこなかった人が、大学の心理学部や心理学科に入学して基礎から心理学を学んだのちに大学院を受験する、という選択肢もあるでしょう。

臨床心理士になることを希望される人は、やはりじかに大学院に進学を希望することが多いのですが、大学で基礎的なことを勉強してから大学院に進学したいという人は、まずは大学に編入学することになります。大学の二年次・三年次の編入試験を実施している大学がありますから、すでに他学部に在籍しているか他学部を卒業している場合はこの編入試験を受験して二、三年で大学を卒業することが可能です。

卒業までの期間と学費についても、あらかじめ見通しを立てておく必要があります。大学編入してから学部を卒業するまでには、おおむね三年間程度の期間と、学費その他で百五十万から三百万円程度のお金がかかるものと考えておきましょう。

ごくまれに、大学で取得した心理学の単位数が一定以上であることを受験の条件にしている大学院もあります。このような大学院を受験する場合は、大学に編入して指定の単位を満たす科目履修生として単位を取得する、放送大学などの通信教育で学ぶ、などの方法があります。必要な単位数、通学の便、学費などを考慮に入れて、自分に最も合うものを選びましょう。

3-4 社会人入試制度

大学院によっては、社会人入試制度を設けているところもあります。特にこのところ社会経験のある受験者に門戸を開いて、多様な人材を積極的に受け入れる大学院が目立ちます。

では、一般入試と社会人入試の違いはどこにあるのでしょうか。

まず、受験生にとって最も大きな違いは、入試科目です。一般入試ではほとんどの場合、筆記試験として英語と専門科目（心理学、臨床心理学など）が課されます。

それに対して社会人入試では、英語の試験がない、英語のかわりに小論文が出題される、英語の試験はあるが一般入試とは別の問題で実施される、などのパターンがあります。英語の試験が一般入試とは別問題で実施される場合は、英文の内容が簡単だったり、問題量が少なかったりします。

面接試験（口頭試問）や研究計画書の提出、専門科目の試験などは、どちらの入試形態であってもほとんど同じなので、最も大きな違いは英語だといえるでしょう。

社会人入試で受験できる条件は大学院ごとに定められていますが、おおむね社会経験が三年以上あれば該当するところが多いようです。また、現に職に就いていなければならない場合もあれば、仕事の有無は問わない場合もあります。

入試科目だけを見ると、長い間、英語から遠ざかっていた社会人にとっては、試験科目の負担が軽い社会人入試のほうが受験しやすいと感じるかもしれません。しかし、社会人入試で受験したほうが合格しやすいとは限りません。社会人入試で英語がないところでは、一般に、面接などの配点が高くなっています。したがって、面接でアピールできることがあまりない場合は、むしろ不利になるといっていいでしょう。また、少ない定員に多くの受験生が集まることから、一般入試よりも倍率が高いケースもあり、注意が必要です。そこで、英語が得意で得点源になるようなら一般入試を、逆に英語は苦手でも、そのぶん目的意識や志望動機でアピールできる、あるいは英語よりも小論文が得意だというなら社会人入試を選択するというのがひとつの方法です。

ただし、英語が苦手だからという理由だけで、最初から社会人入試をターゲットにしてしまうと、あとで苦労することがあります。まず、志望校を決める際に、社会人入試を実施している大学院を選ぶことになるため、選択の幅が狭まってしまいます。また、大学院入学後に英語の論文を読める程度の力をつけておかないと、授業や修士論文の作成に支障をきたすことも考えられます。

あとあとのことを考えると、多少英語ができなくても早い段階で努力をして、ある程度の英文読解力を身につけておくことが望まれます。

※いわゆる社会人入試は、大学によって「B型入試」「社会人特別選抜」などさまざまな呼び方がありますが、ここでは「社会人入試」としました。

第4章 大学院合格のための勉強法

4-1 入試に必要な準備

4-1-1 筆記試験

大学院の入試では、通常、外国語と専門科目の筆記試験がおこなわれます。

外国語の試験は、ほとんどの大学院で英語が指定されています。まれに、英語のほかにドイツ語やフランス語を選択できることもありますが、その場合でも、受験生の多くは英語を選択していると思われます。

いまは入試で第二外国語が課されることはまずありません。ですから、受験に際しての外国語の勉強は、事実上、英語だけと考えていいでしょう。

専門科目は、心理学に関する出題です。心理学といってもさまざまな分野がありますが、まずは心理学の概論書に出てくるような分野は、一通り学んでいることが前提です。そのうえで、志望校の傾向に合わせて頻出の分野をより詳しく勉強していきます。

なお、社会人入試の場合は英語が出題されないことが多く、そのかわりに小論文の出題や、研究業績、専門分野に関わる活動歴の提出が必要な場合があります。

4-1-2 研究計画書、志望理由書

研究計画書は、ほとんどの大学院で願書とともに提出することになっています。研究計画書とは、大学院に入学したあとにおこなう研究の具体的な計画書です。つまり、受験する時点で考えている修士論文の計画書です。

大学院では、先生から教えてもらう受け身の勉強だけでなく、自分で研究テーマを設定して、そのテーマについて研究していくことが求められます。そして、研究の成果を修士論文にまとめなければなりません。受験の時点ですでにテーマを設定し、そのテーマについてある程度、文献の調査をしていることが必要です。

志望理由書は、文字どおり、志望の理由を書くものです。提出を求められるかどうかは大学院によってまちまちですが、いずれにしても面接では志望理由を聞かれますので、仮に提出しなくていい場合でも文章にしてまとめておくことをおすすめします。

4-1-3 面接

面接は、口述試験、口頭試問と表現している大学院もありますが、いずれも同じものです。ここでは筆記試験ではわからない、人物、適性、志望理由などをさまざまな角度から見られたり、事前に提出してある研究計画書についてさらに詳しく説明を求められたりします。

通常は、受験生一人に対して数人の先生が面接をします。しかし、まれに、受験生数人があるテーマについて議論するといった、集団形式での面接がおこなわれる大学院もあります。

4-1-4 その他の書類

大学院によっては卒業論文か、それに代わる研究を提出しなければならないことがあります。また、大学時代の成績表は多くの大学院で提出を求められます。合否を決定する際の決め手ではありませんが、それらの書類が参考にされることもあります。

4-2 英語の勉強方法

英語は、ほぼすべての受験生が避けては通れない科目です。社会人入試などで受験する場合は、英語の試験がないケースが多いでしょう。しかし、大学院入学後は、英語の文献を調べなければならないことがあります。したがって、いずれにしても英語は学んでおかなくてはなりません。

では、試験に向けての勉強方法をご紹介します。

4-2-1 「英語が苦手」「勉強したことをだいぶ忘れてしまった」という場合

大学院受験で出題される英語を読みこなすには、その基礎として大学受験のために勉強した英語を一通りマスターしなければなりません。高校時代に英語が苦手だった人は、どの部分で理解が不足しているのかを確かめてみましょう。最近あまり英文を読む機会がなかった人も、高校時代に学んだことを忘れてしまっているかもしれません。日頃から英語にふれていないと、一度学んだことでも思い出せないことはよくあります。

いずれにしても、まず現在の自分の英語力を把握することが勉強のスタートです。たとえば、高校時代に使用した長文問題集などを読んでみて、どの程度理解できるか確かめてみてください。

英語の長文を時間をかければ正確に読めるというのであれば、問題はありません。読みなれることによって、スピードを上げることはできます。しかし、もし文法や単語を忘れてしまっているために内容が把握できない場合は、文法書や単語集で復習する必要があります。

大学院入試の出題形式は、大部分が長文の和訳、部分訳、要約です。でも、長文読解の基礎になるのは、単語、熟語、文法などの知識です。これらが不足しているなら補っていきましょう。その際、あくまで長文を正確に読むための文法の知識を身につけることが目的だということに注意してください。繰り返しになりますが、大学院入試では、英語の長文を読んで和訳する問題が出題されます。したがって、文法問題を解くために文法の知識をつけるのが目的ではありません。適切な選択肢を選ぶテクニックや、単語の穴埋め問題などにとらわれることがないようにしてください。

参考書は、自分が勉強してみて使いやすかったものを使用するのがいちばんいいでしょう。もし、高校時代に使用したもので使いなれた参考書を持っているのであれば、それを使ってみましょう。一度勉強した参考書であれば、重要なところや何度もつまずいたところに線が引いてあるなど、復習するのには便利です。また、まったく初めて読む参考書と違って、過去に一度は勉強した参考書であれば、思い出すのが容易に違いありません。

英語は得手不得手の差が大きな科目です。大学院合格というゴールは誰もが同じであっても、スタート地点は人によって大きく異なります。場合によっては中学時代まで遡って勉強しなければならない人もいるかもしれません。しかし土台がないところに新しいものを積み上げることはできません。遠回りに思えても、中学・高校時代に学んだ基礎をしっかり復習することをおすすめします。

4-2-2 「英語は得意」「日頃から英文を読みなれている」という場合

英文を読むのに抵抗がない場合や、高校時代の復習を一通り終えた場合は、長文読解の練習をしましょう。

心理学系の大学院受験では、心理学の内容の英文を出題する学校と、そのほかの一般的な内容の長文を出題する学校があります（なかには、その両方を出題するケースもあります）。どちらかというと、やはり心理学の領域の文章を読ませることが多いようです。したがって、心理学の英文を読みなれることが重要です。そのためには、英語で書かれた心理学の教科書を読み進めていくといいでしょう。

教科書は、大学の専攻が心理学の場合は、原書講読の時間やゼミなどで使用したものでも結構ですし、別に紹介する書籍を購入して読み進めていくのも一つの方法でしょう。

それらのなかには、当然、心理学の専門用語が英語で出てきます。専門用語は、正確に日本語に訳さなければなりません。専門用語に関しては一般的な辞書に載っていないことが多いため、心理学の専門用語をまとめた単語集を購入しておくと便利です。

英語の教科書は、一ページ目から順に読み進める必要はなく、自分の興味がある分野から読みはじめればいいのです。また、一冊をすべて読み終えることにこだわることもありません。ただ、「毎日○ページは読む」といったノルマを決めて、継続して読むことが大切です。英語は毎日読まないとすぐに勘が鈍ります。短時間であっても、必ず毎日、英語に接するようにしましょう。一緒に大学院を目指す仲間がいるのであれば、勉強会などを開いて講読していくのも一案です。ペースメーカーにもなりますし、一人ではわからなかったところも、仲間の知恵を借りれば解決できることがあります。

通常は、教科書を読んで専門用語を覚えていくことで試験に対応できるだけの力はつくはずです。ただ、大学院によっては、論文の読解を出題するケースもあります。そのような場合は、心理学の論文をいくつか取り寄せて読みなれておきましょう。また、まれに文法問題が出題される大学院もあります。そのような場合は、大学受験用の問題集などで文法問題の対策をおこなっておくといいでしょう。

大学院ごとの出題傾向については、過去の入試問題を調べればおおよその見当がつきます。また、長文問題が中心の場合でも、難易度や分量は大学院ごとにまちまちです。

おおよその志望校が絞れたら、早めに過去の問題集を取り寄せましょう。そして、多くの量を短時間で読みこなす必要があるのか、あるいは、短い文章をこまかいところまで読解することが求められているのか、傾向をつかんでください。それによって、日頃の勉強の進め方が異なってきます。

大学院入試の英語は、単に英文が読めればいいわけではなく、心理学の内容の英文を読むわけですから、心理学の基礎知識がないと読解にも支障をきたします。したがって、英語の勉強に加えて、心理学の基礎知識も並行して学んでいきましょう。

参考書の紹介

【基礎篇】

風早寛『速読英単語1　必修編』増進会出版、二〇〇四年

　基礎的な英単語を、長文を読みながら覚えることができます。単語を丸暗記するのではなく、英文を読解しながら実践的に確認できる点が優れています。

綿貫陽改訂・著、宮川幸久／須貝猛敏／高松尚弘『改訂新版　徹底例解ロイヤル英文法』旺文社、二〇〇〇年

　定評ある文法書です。かなり分厚いですが、苦手とする分野を復習するときには役立つでしょう。

　限られた時間で文法を一通り学習したい場合は、もう少し薄いものを選ぶのも手です。

【英文読解篇】

Atkinson,Rita.L, Smith,Edward.E, Nolen-Hoeksema,Susan, Atkinson, Richard.C, and Bem, Dary. J,

Atkinson & Hilgard's Introduction to Psychology, Thomson Learning, 1999.

心理学を専攻している人は、卒業論文を作成するときに英語の論文を読んだと思います。そのほかにも、ゼミや原書講読の時間に英語で書かれた心理学の教科書を読んだかもしれません。しかし、心理学専攻でない人にとっては、心理学の内容の英文は読みなれていないことでしょう。そのため、最初から専門的な文章を読んでいくのは、なかなかたいへんなことです。

そこでおすすめなのが、本書です。このヒルガードの教科書は、心理学の各領域をバランスよく網羅していて、英文も比較的わかりやすいので、英文の心理学入門書として大学院受験生に広く読まれています。アメリカの大学で、心理学専攻の教科書として本書が使用されているという話も聞きますし、日本の大学でも、「心理学部（学科）の原書講読の授業で『ヒルガード』を使っている」という話も聞くことがあります。また、合格者のなかには「仲間同士の勉強会で、毎週この本を訳していった」という人もいました。勉強会で使うには手頃な本でしょう。

かなり分量がありますから、最初のページから順にすべてを訳していくのではなく、各章から適当な個所をピックアップして読んでいくようにするといいでしょう。

ちなみに、邦訳も出版されています。邦題は『ヒルガードの心理学』（内田一成監訳、ブレーン出版、二〇〇二年）。

栄陽子留学研究所編『留学生必修講義2　心理学入門』小林薫監修、伊藤達夫監訳、三修社、二〇〇五年

「ひとりで勉強しているので、日本語訳がついていないと心配」という場合に便利な本です。

これは、アメリカに留学して心理学を学ぼうとする人が留学前に最低限の心理学の知識を身につけることを目的として読む本ですが、心理学系の大学院受験の英語入門書としても十分に役立ちます。左側のページに英文、右側のページに和訳が書かれているため、その場で訳文の確認ができます。

本書のいいところは、重要な単語やキーワード、専門用語に、本文とは別に和訳や解説が付されている点です。英文を読みながら、同時に心理学専門用語の知識も増やしていくことができます。

合格者に聞いたところ、これらのほかに、次にあげる本を読んだという人もいました。ペーパーバックなので、移動時間などに目を通すのにも適しているでしょう。

Hayes, Nicky, *Teach Yourself Psychology*, Teach Yourself, 2004.
Hayes, Nicky, *Applied Psychology*, Teach Yourself, 2005.
Jarvis,Matt, *Theoretical Approaches in Psychology*,（*Approaches and Research*, *Modular Psychology*）, Psychology

Pr Published, 2000.

Cave ,Susan, *Therapeutic Approaches in Psychology*, (*Routledge Modular Psychology*), Routledge, 1999.

【英和辞典篇】

松田徳一郎／東信行／木村建夫／豊田昌倫／山縣宏光／原英一／馬場彰編『リーダーズ英和辞典』研究社、一九九九年

日頃の勉強で使う英和辞典は、自分が最も使いなれたものがいいでしょう。ただ、心理学の専門用語となると一般的に辞書には載っていないことが多いので、そのようなときにこの英和辞典が手元に一冊あるとたいへん便利です。収録語数が多く、専門用語もある程度なら載っています。

ただ、専門用語は「心理学辞典」の巻末に付いている索引から調べることもできますし、次の「心理英単語篇」でご紹介するものも役立ちます。どれを手元に置くかは、自分にとっての使いやすさ次第ということになります。

【心理英単語篇】

必修心理学用語編集グループ編『必修1000心理学基本用語集』啓明出版、一九九三年

心理学でよく使われる用語について英語とその訳語が載っていて、暗記用に最適です。専門用語は、心理学の勉強をしながら用語の内容を理解するとともに英語も覚えるという

やり方が最適だと思いますが、英単語だけをまとめて効率よく覚えたいときには、この用語集を活用してみてください。掲載されている用語は、入試はもちろんのこと、心理学の専門書や論文を読む際にも必須となるものばかりです。

文部省／日本心理学会編『学術用語集——心理学編』日本学術振興会、二〇〇〇年

収録語数も多く、のちのちまで使える用語集です。入試という観点からすると、覚える必要はないと思われるものも含まれています。そのため、暗記用というより、手元に置いて辞書がわりに使うのがいいかもしれません。

【FAQ】

英語に自信がないのですが、大学院に入学したら英語の文献はどれくらい読む機会があるのでしょうか。

大学院に入学してから、どの程度英語の文献を読むかは、大学院や研究室の先生の方針によってだいぶ異なるようです。毎週、ゼミで原書講読をおこない、かなりの量の文献を読ませる先生もいます。一方で、授業やゼミで英語にふれる機会は、それほどなかったという話も聞きます。

しかし、修士論文を書く際には、おそらく海外の文献を読むことになるでしょう。多くの研究分野では、海外のジャーナルに進んだ研究が発表されているためです。

いずれにしても、心理学の論文を読みこなせるくらいの英語力をつけておく必要があるといえるでしょう。

【FAQ】
社会人入試を受験予定なので、英語の試験がありません。このような場合でも、英語の勉強をしておく必要はありますか？

たしかに入試で英語がない場合は、試験のために英語の勉強をする必要はないかもしれません。ただ、大学院入学後は、一般入試で合格した人と同じ授業を受けることになります。社会人入試で合格し、入学後に苦労したという話はよく聞きます。入試で英語が必要なくても、大学院入学後のために英語は勉強しておくことをおすすめします。

合格発表から入学するまでの間に、何カ月かの時間があります。仮に社会人入試で合格した場合でも、入学までに英語を読む感覚を取り戻しておきましょう。

【FAQ】
普段の勉強では電子辞書を使っているのですが、どう思いますか？

できるだけ、電子辞書ではなく英和辞典を使ったほうがいいと思います。というのは、入試で英語の辞書持ち込みが許可されていても、電子辞書の持ち込みができる大学院はごく限られているからです。いざ入試の本番となると、普段から使いなれた辞書でないと手間取る可能性があります。

4-3 専門科目の勉強方法

専門科目である心理学も、入試では大きな比重を占めます。最もよく出題されるのは、心理学の専門用語について数行あるいは二百字程度で説明させる問題です。これに加えて、論述問題や択一式問題などが出題されることもあります。

いずれにせよ、まず基本となるのは、心理学の分野で使われる専門用語に対する理解ということになるでしょう。そして、理解したことを適切に文章で表現できるようにしておかなければなりません。

入試では、大学院で研究していくために必要な最低限の基礎知識を問われることが大部分です。ときには難問が出題されることもありますが、まずは基礎知識全般を学ぶことが先決です。そのあと、必要に応じて各分野を詳しく勉強していきます。

4-3-1 心理学を初めて学ぶ場合

大学の専攻が心理学ではなかった人が初めて心理学を学ぶ場合は、まず心理学の概論書を一冊読み通すことから始めましょう。ある特定のテーマに絞った本だけを読むと知識が偏るため、最初の段階では、心理学の幅広い分野を浅く広く扱っているテキストを選ぶのが適当です。

この段階では、一つひとつの専門用語にとらわれる必要はありません。心理学とはどのような学問か、心理学ではどのような研究テーマが扱われるのか、それぞれの分野ではどのようなことについて学ぶのか、といった大枠を理解すれば十分です。

心理学に初めてふれたのであれば、聞きなれない用語に戸惑うかもしれません。しかし、一度に理解しようとせず、あくまで全体像を大まかに把握するつもりで、何度か繰り返して読むことをおすすめします。

最近では、イラストやマンガ入りで気軽に読める「心理学」の入門書が書店に並んでいます。また、高校生向けに新書版の書籍も出版されています。概論書を読む前に、心理学への入り口としてそれらの本を手に取ってみるのもいいでしょう。

4-3-2 大学の専攻が心理学の場合や、4-3-1の段階を終えた場合

大学で心理学を学んだ人や、4-3-1の段階を終えた人は、概論書は一通り勉強していると思います。しかし、もし大学を卒業したのがだいぶ以前のことだったり、いろいろな事情で学部時代に勉強し損ねたりした場合は、もう一度概論書に戻っておさらいしてください。

次の段階では、心理学の専門用語を覚えていきます。一つひとつの専門用語について、その意味や定義をこまかく見ていきましょう。

試験で通用する力をつけるには、インプットとアウトプットの両方が必要です。知識を頭に入れるだけでなく、それを文章として表現していくことを日頃から実践してください。

まずは教科書を読んで書かれていることを理解し、次に理解した内容をノートにまとめていきます。最初は教科書や辞典から重要な部分を抜き書きしてもかまいません。しかし、ある程度慣れてきたら、何も見ずに書くようにしましょう。入試問題では、専門用語の説明を求める大学院が大部

分です。毎日の勉強で書く練習を続けていると、入試本番でそれがそのまま生かせます。最も失敗しやすいのは、教科書にアンダーラインを引いただけで覚えたつもりになってしまうことです。いざ答案用紙に向かうと、意外と思ったとおりには書けないことがあります。ですから、日頃からの書く訓練が重要といえるでしょう。

用語はできるだけ関連する領域のもの同士を一緒に覚えていくと効率的です。ルーズリーフなどを使って、関連事項をあとから追加しやすいようにしていきましょう。また、一枚に何種類もの情報を記入するのではなく、一枚に一つの用語（もしくは一つのテーマ）をまとめるようにするのもコツです。

大学院受験では、用語の丸暗記をすればいいというわけではありません。単なる暗記ではなく、理解をともなうよう、できるだけ自分の頭と手を使ってまとめていくことを繰り返しましょう。これは用語説明の問題だけではなく、論述問題に対応できるようにするためでもあります。

では、学習の進み具合に応じた参考書をご紹介します。

参考書の紹介

【入門篇】

心理学に初めて接する人が抵抗なく読める読み物をご紹介します。直接入試の対策になるわけではありませんが、入門的な本として読めるものです。

市川伸一『心理学って何だろう』（心理学ジュニアライブラリ）、北大路書房、二〇〇〇年

中学生、高校生が興味をもてるようなテーマが取り上げられています。身近な話題について心理学の観点から学ぶことができます。平易な文章で読みやすいため、大学生向けの概論書を読む前に、まず心理学にふれてみたいという人に適しているでしょう。もちろん、心理学に興味をもっている高校生にもおすすめできます。

長谷川寿一／東條正城／大島尚／丹野義彦『はじめて出会う心理学』（有斐閣アルマ）、有斐閣、二〇〇二年

有斐閣アルマのシリーズは、どれもたいへんわかりやすく書かれています。初めて心理学の本にふれる人でも、抵抗なく読み進めることができます。初学者向けとはいっても、内容はとても充実しています。

【概論篇】

心理学を専攻する大学生であれば、この程度のことは知っておかなければならないという、一つの目安としてお考えください。心理学専攻ではない人も、まずはここで紹介する本の内容を理解することで、心理学全般にわたってのかなりの知識を身につけることができます。

安藤清志／渡辺正孝／高橋晃／藤井輝男／山田一之／重野純／石口彰／浜村良久／八木保樹『キーワードコレクション心理学』新曜社、一九九四年

全般的な分野について心理学の用語をまとめていくのに便利な一冊です。この本では、テーマごとに見開き一、二ページで要点が簡潔にまとめられていて、知識の整理に役立ちます。

鹿取廣人／杉本敏夫編『心理学』東京大学出版会、二〇〇四年

大学院受験生に必要な一通りの分野を学習するのに適した教科書です。多くの先輩がすすめています。

無藤隆／森敏昭／遠藤由美／五瀬耕治『心理学』（New Liberal Arts Selection）、有斐閣、二〇〇四年

比較的最近出版されたために、内容も新しいです。大学院受験用の参考書としてふさわしいでしょう。

大学院入試問題分析チーム編『臨床心理士・指定大学院合格のための心理学テキスト』オクムラ書店、二〇〇五年

書名のとおり、指定大学院の受験対策用に書かれたテキストです。この一冊で、入試で出題されるかなりの部分をカバーできます。

【受験篇】

「概論篇」で紹介した本を読むだけでも基礎知識は身につけることができますが、受験となると、さらに詳しい知識を求められます。また、単に知識を問われるだけではなく、論述する力も必要になってきます。

基礎力を一通り身につけた人が、さらに力を伸ばすためにふさわしい参考書をご紹介します。

中島義明／繁桝算男／箱田裕司『新・心理学の基礎知識』（有斐閣ブックス）、有斐閣、二〇〇五年

長年、大学院受験生に親しまれてきた『心理学の基礎知識』（一九七〇年）が改訂されたもので、内容が新しくなり、さらに使いやすくなりました。同じ出版社からシリーズで出版されている『心理用語の基礎知識』（東洋／大山正／宅摩武俊／藤永保ほか編集、有斐閣ブックス、有斐閣、一九七八年）、『臨床心理学の基礎知識――概念・技法・問題点の理解』（佐治守夫／水島恵一編集、有斐閣ブックス、有斐閣、一九七四年）もあわせて使うといいでしょう。

大学院入試問題分析チーム編『臨床心理士・指定大学院合格のための心理学問題集』オクムラ書店、二〇〇三年

大学院で出題された論述問題に対する解答例と、解答のポイントが解説されています。

例年、論述問題が出題されている大学院を受験するなら、本書で何度も書く訓練をすると

いいでしょう。

【テーマ別参考書】

心理学全般にわたって学んだあとに、ある分野を集中的に勉強したいときに用いる参考書です。

発達心理学

『発達心理学入門Ⅰ——乳児・幼児・児童』東京大学出版会、一九九〇年
『発達心理学入門Ⅱ——青年・成人・老人』東京大学出版会、一九九〇年
発達心理学分野の参考書では定番です。

臨床心理学

下山晴彦編『よくわかる臨床心理学』（やわらかアカデミズム・〈わかる〉シリーズ）、ミネルヴァ書房、二〇〇三年
比較的新しく出版された良書です。

坂野雄二編『臨床心理学キーワード』補訂版（有斐閣双書KEYWORD SERIES）、有斐閣、二〇〇五年
臨床心理学を学ぶ際に必須の項目がわかりやすくまとめられています。

社会心理学

末永俊郎／安藤清志編『現代社会心理学』東京大学出版会、一九九八年

こちらも社会心理学の定番参考書です。

心理統計

山田剛史／村井潤一郎『よくわかる心理統計』（やわらかアカデミズム・〈わかる〉シリーズ）、ミネルヴァ書房、二〇〇四年

吉田寿夫『本当にわかりやすいすごく大切なことが書いてあるごく初歩の統計の本』北大路書房、一九九八年

この二冊は、数式の苦手な文系の人向きの入門書です。基礎的なことがとてもわかりやすく説明されています。そのかわりに不足している部分は、多変量解析や因子分析などの教科書を使って補っていく必要があるでしょう。

【辞典】

心理学辞典を一冊は持っておきましょう。

中島義明／安藤清志／子安増生／坂野雄二／繁桝算男／立花政夫／箱田裕司編『心理学辞典』（有斐閣、一九九九年）

大学院受験生の間では定番の心理学辞典です。何種類もある心理学辞典のなかでは新しく、評判も高いです。

【その他】

American Psychiatric Association編『DSM－Ⅳ－TR精神疾患の診断・統計マニュアル』高橋三郎／大野裕／染矢俊幸訳、医学書院、二〇〇四年

アメリカ精神医学会の「精神疾患の分類と診断の手引」です。臨床心理学を専門とするなら、手元に置いておくべき一冊といえます。

「試験に出る心理学」シリーズ（北大路書房）

公務員（心理職）採用試験のための問題集ですが、大学院受験の対策にも利用できます。

小此木啓吾／深津千賀子／大野裕編『心の臨床家のための精神医学ハンドブック』創元社、二〇〇四年

乾吉佑／氏原寛／亀口憲治／成田善弘／東山紘久／山中康裕編『心理療法ハンドブック』創元社、二〇〇五年

岡堂哲雄監修、大熊保彦／土沼雅子／橋本泰子／長谷川啓三／森田美弥子編『臨床心理入門事典』（「現代のエスプリ」別冊）、至文堂、二〇〇五年

氏原寛／亀口憲治／成田善弘／東山紘久／山口康裕編『心理臨床大事典』培風館、一九九八年

これらは、いずれも大学院入試だけではなく、臨床心理士の資格試験や、資格試験合格後にも役立つでしょう。

このほか、教育大学系の大学院をはじめとして教育心理学分野から出題されることが多い大学院を受験する場合は、教員採用試験の問題集を参考にしてください。

【FAQ】

志望校の傾向に合わせて、出題される分野だけ勉強して合格することは可能でしょうか。

専門試験の勉強方法として、志望大学院の過去問題集を見たり、教授の専門分野を調べたりして、試験に出そうなところだけを勉強するという人がいます。

たしかに、一通りの心理学のベースがあるなら、そのような方法は効率的といえます。しかし、初めて心理学を学ぶ人が、心理学全体の基礎知識がないまま偏った分野だけを勉強することは、しょせん土台のない家に屋根だけ作ろうとしているようなものです。

試験時期が終わると毎年のように、「今年は問題の傾向が変わったから合格できなかった」とい

って後悔している人がいます。そのような人に話を聞くと、心理学の基礎がないのに、最初からある特定の分野しか勉強していないことが多いように思われます。

さらに、付け焼き刃的な勉強方法で運よく合格できたとしても、大学院入学後あるいは臨床心理士の資格試験を受験するときに苦労するかもしれません。臨床現場に出たらなおさらです。将来のことを考えると、土台をしっかりと固めたうえで、志望校の出題傾向に合った対策を立てることをおすすめします。

4-4 研究計画書はこう書く

研究計画書は、ほぼすべての大学院で、願書と同時に提出を求められます。まれに研究計画書の提出が必要ない大学院もありますが、その場合でも、面接（口頭試問）のときには研究計画について尋ねられると思ってまず間違いありませんから、手は抜けません。筆記試験の成績がいいことはもちろん重要ですが、研究計画書が不出来なために不合格になる人もいますので、注意しましょう。「研究計画書」というのがどういうものか、どのような手順で作成していけばいいのか、意外にあまり知られていないようです。というのも、私のところに相談に来る人のなかにも、この「研究計画書」をまったく思い違いをして作成している人が大勢いたからです。

特に、「一次試験（筆記試験）は合格したのに、二次試験で落ちました。筆記試験の出来はまあまあだったので研究計画書が原因としか思えないのですが、一度見てもらえませんか」と依頼される方の研究計画書には内容はもとより、形式の面でも最低限のルールを押さえていないものが多かったのです。

研究計画書の書き方には、決まったやり方があります。大学で心理学を専攻したなら、卒業論文指導やゼミなどで「論文の書き方」を学んだことがあるでしょう。研究計画書は、基本的には心理学の論文の書き方をベースにして作成していけばいいのです。

しかし、それぞれの学問分野によって、論文の書き方のルールが異なる場合があります。大学での専攻が心理学ではない場合は、心理学の分野での決まったやり方を学ぶ必要があります。

「研究計画書の書き方をインターネットで調べて、そのとおりに書いたので大丈夫だと思ったのですが……」「研究計画書の書き方について書かれている本を参考にしました」「大学院の先輩に指導してもらったので確かだと思います」という人に詳しく話を聞くと、どうやら心理学以外の分野の研究計画書を参考にしたり、他専攻の先輩の意見を聞いたりしていることがほとんどのようです。

心理学系の大学院を受験するなら、心理学の分野で通用する形式の研究計画書を作成できるようにしていくことが肝要です。

心理学系の大学院受験のための研究計画書の作成方法を説明した本は、ほとんど見当たりません。「筆記試験は問題なかったのに、研究計画書で失敗した」というのは本当にもったいない話です。

そこで本書では、研究計画書で失敗しないために、最低限これだけは知っておかなければならない研究計画書の作成の仕方を、詳しく解説することにします。

4-4-1 テーマを決める

研究計画書作成の第一歩は、テーマを決めることです。研究テーマは、自分が大学院に入学してから研究したいことにします。最終的には、論文のタイトルのようなテーマを決めなければなりませんが、この段階では、まだ大雑把でかまいません。

実際に、大学院に入ったあとにテーマを変えたくなったらどうするのかと心配される人もいます。研究計画書は、基本的には大学院で作成する修士論文の計画です。したがって、大学院入学後に研究計画書に記したテーマで研究をおこなうというのが建前です。

ただし、現実としては、大学院入学後にテーマが変わる人も少なくありません。大学院受験時よりも修士論文の作成時のほうが、心理学についての知識が深まっているはずです。進歩したぶん、テーマが深まったり、別の角度から研究する必要を感じたりすることは、むしろ当然ともいえます。ですから、入学後に研究テーマを変えても差し支えありません。

ただし、自分が所属する研究室の専門領域から大きく外れる内容は、実際問題として研究しにくいものです。また、専門外の領域については、先生も指導しにくいものです。テーマの変更は、当初の予定とまったく異なる分野にするのではなく、変更しても研究が可能な範囲内で考えたほうがいいでしょう。

研究テーマの決め方については、第5章第2節を参考にしてください。

4-4-2 先行研究を調べる

テーマを決めたら、次にそのテーマに関する先行研究の調査をおこないます。

ここで、先行研究が載っている論文をどうやって調べるのかが問題になります。論文は学会誌に掲載されています。学会誌は学会の会員に送られてきますが、学会員でなくとも図書館を利用すれば読むことができます。図書館といっても、地域にある公立の図書館には、通常は心理学の論文などはあまり置いていません。おそらく大きな図書館から取り寄せてもらうことになるでしょう。

最も確実に利用できるのは国会図書館です。登録しておけばウェブから検索して論文の複写を依頼できるサービスもあるので、遠方の方には便利です。詳しくは国立国会図書館のホームページを見てください。

もしあなたが大学生であれば、大学の図書館を利用するのがいいでしょう。心理学関連の学科や学部を擁する大学であれば、メジャーな学会誌はたいていそろっているはずです。

大学の図書館は、その大学の卒業生が利用できるような制度を設けているところがあります。社会人の方は、まずは出身大学の図書館に問い合わせてみましょう。それから、近隣の住民が図書館を利用できる大学もあります。家の近くや通勤途中に大学がある場合は、あたってみるといいと思います。

ほかにも、科目履修生として登録して、その大学の図書館を利用する方法があります。志望校の先生の講義を受講し、なおかつ図書館も利用できるのであれば一石二鳥です。

大学の図書館、特に心理学科がある大学の図書館では、心理学関連の論文や書籍はそろっているはずです。もし所蔵していないものを読みたいときには、ほかの図書館から取り寄せたり、ほかの図書館への紹介状を書いてくれることもあります。

このほか、財団法人や社団法人が開設している図書館などもあります。近くにそのような図書館があればそれを利用するなどの方法があります。

研究計画書作成のために必要な先行研究は、自ら積極的に行動し、時間と労力と、少しのお金をかけて取り寄せるしかないのです。

論文の取り寄せに時間がかかることも考えて、先行研究の調査は、余裕をもって計画してください。

4-4-3 論文の探し方

実際に図書館に行ったら、どのようにして文献を探せばいいのでしょうか。

いまは検索システムが整っている図書館が多く、自分の研究テーマに関するキーワードを入力すると、文献一覧が見られます。特に大学の図書館では、雑誌（ジャーナル）に掲載されている論文を検索するシステムがあります。たいていは海外の文献も調べられるようになっていますから、英語のジャーナルを見たいときにも問題ありません。いうまでもありませんが、キーワードで検索するからには、自分の研究テーマと関わりの深いキーワードは、あらかじめ当たりをつけておく必要があります。調べ方でわからないことがあったら、図書館の司書に尋ねれば、きっと教えてくれるでしょう。

このようにして、自分の研究テーマと関連の深い論文を、まずはいくつか集めてみます。

その際に気をつけることは、論文は新しいものから読むということです。発表年の古いものから最近のものへと読み進んでいくのが一見正しそうですが、あまりに古い研究は、これから作成する研究計画には役に立たないものもあります。古いものから順番に読んでいくと、時間がかかるわりに得るものが少ないのです。だから、論文は新しいものを読み、必要に応じて古いものに遡って調べていくようにしてください。このあたりは、卒業論文と一緒です。

実際に研究計画書のために調べる論文は、一般向けに書かれている本ではなく、主に学会誌などに発表されているものがほとんどです。

なお、統計については、できるだけ先行研究を調べる前の段階までに一通りは学んでおくことが望ましいといえます。先行研究のなかでは、統計処理がおこなわれていることがしばしばあるので、統計を理解しておくことは、先行研究の内容を理解するためにも必要不可欠です。

4-4-4 テーマをより具体的にする

先行研究をいくつか読むと、末尾に参考文献の一覧が掲載されています。これは、その論文のなかで引用された文献です。つまり、いま読んでいる論文と非常に関連の深い論文だということができます。ここに掲載されている論文のなかで重要だと思われるものを取り寄せてさらに読んでいきます。このようにして、必要に応じて過去の論文に遡っていきましょう。

自分の研究テーマと関連のある論文をいくつも調べていくと、「いままでの研究からわかっていること」と「まだ研究されていないこと」がわかってきます。すでに誰かがおこなっている研究とまったく同じ研究を研究計画書に書くわけにはいきませんから、「まだ研究されていないこと」について、より具体的にテーマを決めていきます。具体的というのは、たとえば「〇〇における△△と□□の関係について」とか「××が〇〇に与える影響について」といったテーマのことです。

ただ、「まだわかっていないこと」とはいっても、これまでの定説を覆す画期的な研究である必要はまったくありません（そのような研究は、めったにできるものではありません）。これまでの先行研究を少し発展させたものや、いくつかの先行研究で調べきれていないことを取り上げたものなどでいいのです。

自分の研究したいテーマについて先行研究がまったくなかった、ということもあります。それは、調べ方が不十分なのか、そのテーマ自体が研究困難であるのでほとんど研究がなされていないか、真に独創的な研究であるかのいずれかでしょう。入試での研究計画書の作成という観点からいえば、先行研究がほとんどないテーマというのは、計画書作成に困難が伴うことがよくあると考えておきましょう。

4-4-5 書く

先行研究を調べたら、それらをまとめていきます。その際、研究の意義や目的に沿うように、また話の展開が論理的になるように留意しましょう。

心理学の論文では、一般に「問題と目的」「方法」「結果」「考察」という章立てで論文が構成されています（もちろん、論文によって若干異なる場合もあります）。研究計画書はあくまで研究の「計画」

ですから、もちろんいまの段階で「結果」が出ているわけではありません。したがって「考察」もできません。研究計画書では、その手前の段階、つまり、「問題と目的」と「方法」の部分をシンプルに書くと考えればいいでしょう。可能ならば、予想される結果を「仮説」として組み込むのもいいでしょう。なお、先行研究は、「問題と目的」の部分で言及します。ただし、「問題と目的」「方法」というのはあくまで一例です。大学院によっては、章立てをもっと細分化して書くように指示されることもあります。

研究計画書とは、大学院入学後の研究についての計画書です。個人的な経験や志望動機を書くものではありません。

従来、研究計画書の書き方を解説したもののなかには、「自分の経験と結びつけてアピールしましょう」とか、「何月までにどこまで研究を進めるのかその予定を示したもの」を掲載しているものもありますが、こと心理学の研究計画書に関しては、そのような内容のものは書かないようにしましょう。繰り返しになりますが、研究計画書は、主に「問題と目的」「方法」について述べるものので、「自分の個人的な経験」や「志望の理由」を述べるものではありません（ただし、一枚の用紙に志望理由と研究計画をあわせて記入するように求められた場合は、もちろんこの限りではありません）。

心理学系の大学院を受験する場合は、心理学の約束事にのっとって書かれた研究計画書である必要があります。学問領域によって論文の書き方は異なりますので、特に他専攻の出身者は気をつけましょう。心理学のおおよその論文の書き方は、先行研究を数本読み込んでいくうちに要領がわかってくると思います。

分析方法などについては、少ない字数であまりこまかいことまで書く余裕はありませんが、面接で聞かれることもありますから、数量的研究であれば、統計処理をどうおこなうかまで考えておきましょう。

また、心理学の研究論文に初めてふれるのであれば、研究計画法などの参考書にあらかじめ目を通しておくことをおすすめします。研究計画法といっても、それほど高度なものを知る必要はありません。大学で心理学を専攻している学生が学ぶ程度のもので十分です。

研究計画書は、Ａ４用紙で一、二枚程度のものなので、過不足なくまとめることは非常に難しいものです。また、「図書館に足を運べる時間が限られている」「調べてみたら自分がやりたい研究はすでにほかの研究者がやっていた」「先行研究を調べていくうちに興味が変わり、別の観点から研究したくなった」などなど、さまざまな事情で簡単には完成させられないことが多いのです。

研究計画書は、おおむね願書提出の半年前までに準備を始めるといいでしょう。これまでのケースでいえば、研究計画書作成開始から、短い人で二カ月間、長い人で半年間かかっています。余裕をもって取り組むためには、半年前から準備しましょう。

最後に、研究計画書は願書と一緒に提出するものなので、締め切りをしっかりと確認しておいてください。試験日のおよそ一カ月前が願書の締め切りだとすると、九月受験であっても、八月には完成しておかなければなりません。

ここで紹介しているのはひとつの方法であり、もしかすると異論もあるかもしれませんが、研究計画書の作成方法がわからない場合には、この手順に従うと作成しやすいでしょう。

4-5 面接試験

面接では、主に志望動機や研究計画について聞かれます。最低限この二つについては、どのような角度から質問されたとしても答えられるようにしておきましょう。

志望動機に関しては、「なぜ大学院に進学するのか」「なぜ心理の専門家を目指すのか」「なぜ本学を志望するのか」など、「理由」や「動機」が明確になっていなければなりません。将来の希望についても、現在の時点で考えていることを話せるようにしておくことが必要です。

研究計画書は、事前に提出してあるものをもとに、より詳しく質問されます。面接ではこのほかに、受験生の人物についてさまざまな角度から見られます。

大学院の合否は、単に筆記試験で高得点が取れればいいというわけではなく、研究計画書や面接試験も含めて決められます。面接の形式や質問される内容については、第5章で詳しく説明することにします。

4-6 心理学科出身でなくても合格は可能か

臨床心理士指定校では、ほとんどの場合、大学時代に心理学を専攻していなくとも、入学試験の結果次第で合格が可能になっています。

実際に、合格者の過半数が心理学以外を専攻していた人だということも珍しくありません。したがって、勉強次第で他学部出身者が合格することは十分に可能です。

しかし、まれに心理学を履修し、一定以上の単位を取得した者だけに受験資格を与える大学院もあります。そのような場合には、大学の科目履修生として授業に出席したり、放送大学で単位を取得したりして、受験に必要な規定の単位数を満たすことは可能です。

このように、他学科出身者にとってハンディがある大学院を受験する場合は、受験の一、二年前から計画的に準備をして、心理関連の単位を修得していく必要があります。

ほとんどの大学院では、受験に際して大学時代の専攻に制限がありませんから、筆記試験で合格ラインを上回っていて研究計画書や面接もうまくいけば、心理学専攻者となんら変わりなく合格することができます。

面接では、心理学専攻でなかったことについて質問されることもあります。その場合でも、心理学出身者と比べて不足していることがあれば、入学後にも勉強して補っていくという熱意をしっかり伝えましょう。なかには、研究室訪問で、「心理学出身者でないと合格は難しい」と先生から言われたにもかかわらず、あきらめずに勉強して受験したところ、他学科出身でも合格できたという人がいます。

ただ、もともとの専攻が心理学でないと、どのような教科書を使って、どのように勉強したらいいかがわからないというのが、最も悩むところだと思います。本書では自分で勉強を進める際に役立つ教科書を何冊か紹介しています。また勉強方法についても紹介していますので、まずはそれらのうち取り組みやすいものから始めてみましょう。

4-7 海外の大学で学んだ人の注意点

海外の大学で心理学を専攻し、帰国後、臨床心理士指定大学院を目指す人もいます。そのような人は、入試に際してどのようなことに気をつけて勉強していけばいいのでしょうか。これまでにも、帰国した人から進学に関する多くの相談が私のもとに寄せられています。そのみなさんが口をそろえて言うことが、一つあります。それは、「心理学の用語が、日本語で理解できない」ということです。

留学先で多いのは、やはり英語圏です。ほとんどがアメリカですが、当然のことながら、教科書はすべて英語で書かれていますし、授業も英語でおこなわれます。提出するレポートはすべて英語で書き、授業での発表やディスカッションも英語だったわけです。

つまり、「読む、聞く、書く、話す」がすべて英語だったのです。そのような環境で数年間過ごし、日本の大学院を受験する場合は、次のようなことに重点を置いて準備を進めましょう。

4-7-1 英語

ほとんどの大学院入試では、英文和訳が出題されます。したがって、日頃から「英語を英語のまま理解する」人は、英文を日本語に訳す訓練をしておく必要があります。英語で書かれた教科書を読むときはそのつど日本語に訳し、練習をすることで入試に対応できるようになるでしょう。このときに、専門用語についても、日本語ではどのように表現するのか確認しておきます。また、市販の単語集などを使って覚えていく方法もあります。

英語が得意なだけに軽視しがちな科目ですが、英語を使いなれているということと入試での得点力は、異なる場合があります。日本語訳が出題のほとんどを占める大学院では、毎日の勉強でも、訳に重点を置いてください。

4-7-2 心理学

心理学の専門用語を日本語で知っておくことはもちろんですが、それぞれの用語について、日本語の文章で説明できるようにしておきましょう。

また、論述問題が出題される大学院では、日本語の文章作成力が必要とされます。これも試験当日に急に書けるものではありませんので、日頃からの練習が肝要です。

これまで勉強してきた分野に偏りがある場合は、不足している部分を補っていくことも必要です。心理学といっても、たいていは自分が専門としてきた、ある限られた分野を中心に学んでいるはずです。在籍していた大学によっても、学ぶ分野に偏りが生じるのは避けられません。専門的に勉強してきた分野がそのまま出題されるとは限りませんから、学びが足りない分野については補っていきましょう。

4-7-3 研究計画書など

研究計画書は、心理学専攻であれば、決まったスタイルどおりに書くのは問題ないと思われます。それに、試験当日の限られた時間内で仕上げるものではなく、事前に時間をかけて推敲したのちに提出できるため、海外の大学で勉強したとはいっても、日本の大学生より条件が不利というわけではありません。

「日本の大学院入試制度がわからない」という人も多いようですが、これについては本書やほかの書籍を読むことで概要は理解できるでしょう。また、インターネットで調べることもできるので、情報の発信元が信頼できるかどうかを見極めたうえで活用するといいでしょう。

勉強以外にも、事務的な手続きに時間がかかることも予想しておきましょう。たとえば、大学時代の成績証明書が必要になったときに海外の出身校から取り寄せる場合は、やはり多少の時間はかかってしまいます。さらに、成績証明書や卒業証明書を日本語に訳して提出しなければならないケースもありますから、準備は早めにすることが肝心です。

4-8 社会人のための勉強法

社会人は忙しいなかで仕事と勉強のやりくりをしなければなりません。家族がいれば、育児や家事もしながらの勉強となります。なかには、家族の介護をしながら勉強した人もいます。でも、忙しい人は合格できなかったかというと、そんなことはありません。むしろ時間の使い方を工夫して、短時間で集中して勉強しているのです。

・通勤電車の中や営業に出かける車の中で、予備校の授業を録音したテープを聴いた。
・家事をしながら、頭の中では心理用語を復習していた。
・昼食時にお弁当を食べながら、自分でまとめたノートを見直すようにした。
・信号待ちの数十秒の間に、単語を一つ覚えるようにした。

コラム

会社に受験を告げるタイミング

社会人で進学を考えているなら、会社の上司にいつ大学院受験を伝えるかが悩ましい問題でしょう。さまざまなケースが考えられますが、まずは大学院進学に対して職場の理解が得られるかどうかで対応が大きく変わります。

資格取得や社員の能力アップに理解ある職場であれば、大学院受験を応援してくれるかもしれません。残業や土曜出勤に配慮してくれるところであれば、仕事を続けながら夜間の大学院に通うことも可能でしょう。

特に、大学院で学ぶことが現在の仕事に生かせる場合は、職場ぐるみで応援してくれることもあります。

たとえば、日本語学校に勤めているAさんは、事務職として日々、留学生のサポートをしていました。そのなかで、留学生から「日本の生活になじめない」「人間関係がうまくいかない」といった相談をもちかけられることが多くなりました。なかには心に問題を抱え、専門家の対応が必要なケースもあることから、学校内に心理的な援助のできる専門家が必要とされていました。

そこでAさんは、臨床心理士を目指して大学院受験にチャレンジし、現在は、上司や同僚の協力を得ながら、昼間は仕事、夜間と土曜日は大学院と、二足のわらじを履いています。

このケースでは、職場のニーズと本人の希望が一致したためにうまくいきました。もちろん、本人も業務に支障が出ないよう人一倍努力していることはいうまでもありませんし、周囲もその熱意に動かされたのだろうと思います。

しかし、臨床心理学と関連性が薄い業務の場合は、職場の理解を得ることは難しいかもしれません。それでも日頃から時間外勤務や休日出勤が少ない仕事なら受験勉強と仕事の両立は可能ですし、場合によっては夜間の大学院に進学し、仕事を続けながら大学院で学ぶこともできるかもしれません。逆に、どうしても勉強時間の確保ができない場合は、退職を前提に進学を考えることになります。

このようなことで、仕事をもっている社会人は悩みます。そして、たいていは、次の三通りの結論に達するようです。

①仕事を続けながら、受験勉強もする。合格したら、仕事は辞める。

生活もありますし、大学院進学の資金も貯めなければならないので、仕事は続けます。そして、大学院に合格してから退職を申し出て、きちんと引き継ぎもしてから、あとを濁さず辞めます。

入試の時点では受験のことは会社に知らせていないので、試験日に急に体調が悪くなったり、法事の予定が入ったりすることになるのが、難点といえば難点です。

②仕事を退職し、派遣社員やアルバイトをしながら受験準備を進める。

勉強時間を確実に確保したい場合は、正社員ではなく派遣社員やアルバイトを選択する人もいます。残業はなく勤務日数も調整できるため、勉強の環境は整いやすいようです。

③仕事は退職し、受験勉強に専念する。

仕事も続けながら受験勉強をするのは無理だという場合は、仕事を辞めて、背水の陣で受験に臨むことになります。

以上がよく耳にするケースですが、個人的な印象からすると、仕事を辞めたからといって必ずしも合格するとは限らないようです。フルタイムで勤務し、時間の制約があるなかで有効に時間を活用して合格する人もたくさんいます。

むしろ受験勉強だけに専念できる恵まれた環境にあるのは、まれなことです。ほとんどは仕事、家事、子育て、介護など、さまざまな制約があります。学生であっても、卒業論文や実習などと並行して受験の準備を進めることになるので、どのような状況にあろうと時間をしっかりと管理していくことが求められます。

このようにして合格した人もいます。

逆に、このような細切れの時間を活用するよりも、机に向かって集中して勉強したほうが、頭に入るという人もいます。そのような人は、むしろ会社では仕事に集中して、それ以外の時間で勉強に集中するという切り替えがうまくいく人です。

このタイプの人に話を聞くと、
・家に帰ると気が緩むので、仕事が終わったら毎日必ず喫茶店に寄って勉強してから帰宅するようにした。
・朝二時間早起きして、勉強してから出勤するのを日課にした
などの努力をしています。このように、それぞれに工夫を凝らして勉強時間を確保しているのです。

一方で、退職して受験に備える人や、多忙な職場を辞めて、定時に帰宅できる派遣社員に切り替えて勉強時間を確保する人もいます。

勉強のスタイルは個人によって向き不向きがありますから、自分にとって最適なスタイルを見つけて、効果の上がる方法を選択しましょう。

4-9 大学生の勉強法

大学生の場合は、卒業論文との両立が大きな課題になります。また、教職課程を履修しているのであれば、教育実習とその前後の期間はまったく勉強できなくなると考えておきましょう。生活費のためにアルバイトをしているのであれば、なおさら余裕がありません。そのうえ、単位を取りこぼしている科目があったらさらに勉強時間が限られてしまいます。なかには公務員の心理職の試験と大学院入試の両方を受験しようという人もいるでしょうが、出題傾向や問題形式が異なるためそれぞれの対策をとらなければならず、これもたいへんです。そのため、もし、あなたが大学二、三年生であれば、四年生で履修しなければならない授業がほとんどない状態にしておきましょう。四年次までにほとんどの卒業単位を履修済みであれば、時間的にも気持ちのうえでも余裕がもてます。また、他大学に出向いて、学びたい先生の授業を受けるくらいの余裕があるとなおいいでしょう。

大学院進学は三年生の夏ごろから四年生の初めにかけて考えはじめ、それと同時に勉強を開始する人が多いようです。

しかし、四年生になってから受験の決断をするのでは時間的な余裕がありません。先ほども言いましたが、四年生になると、授業がなかったとしても、卒業論文をはじめとしてやらなければならないことがたくさんあります。できるだけ三年生のうちから受験の準備を少しずつ進めておくようにしましょう。

大学院受験は大学受験と異なり、二月に入試があるとは限りません。試験が集中するのは九月と二月ですが、大学院によっては、早いところだと七月ごろから試験があります。その場合の願書の提出（研究計画書の提出）は六月です。それを考えると、志望校によっては三年生のうちから準備を

コラム

一日の過ごし方をチェック!

社会人であっても学生であっても、受験を乗り越えるには時間管理が非常に重要です。自分が毎日の時間をどのように過ごしているかをチェックしてみると、意外と無駄な時間や短縮できる時間があるのではないでしょうか。そこで、毎日の時間の使い方をチェックしてみてはいかがでしょうか。

間違えやすいのは、現在の時間の使い方をよくわかっていないまま計画を立ててしまうことです。そうすると、とても実現不可能な、非現実的な計画になりがちです。未来の計画を立てる前に、必ず現状の時間の使い方を把握しておきます。そして、そこから少しでも時間をつくり出していくようにするのです。

時間をつくり出す作業は、普段から誰もがやっていることかもしれません。たとえば、料理であれば、食事のしたくのついでに明日の分の下ごしらえもすませておくとか、一度に多めに作っておいて冷凍保存するとか、日頃から工夫しているでしょう。仕事でも、何件かの訪問先がある場合は、最も効率よく回るルートを考えると思います。これを生活全般に応用すれば、どんな人でも時間はつくり出せます。

そのための、私が日頃使っている時間チェックシートを紹介します。コピーして、自分の時間の使い方の癖をチェックするのに活用してみてください。

〈チェックシートの使い方〉

一セルが三十分単位になっています。その日、その時間に、何をやっていたかを書き込んでいってください。そして、無駄な時間や隙間時間を洗いざらいチェックして、一日あたり何時間の勉強時間を捻出できるかを計算してみます。そして、それをもとに無理のない学習計画を立てていきます。

また、急に重要な用事が入ったときのために、月に何日かは「予定を入れない日」を設けて、計画の遅れはそこで取り戻すようにします。

	日（日）	日（月）	日（火）	日（水）	日（木）	日（金）	日（土）
5:00							
5:30							
6:00							
6:30							
7:00							
7:30							
8:00							
8:30							
9:00							
9:30							
10:00							
10:30							
11:00							
11:30							
12:00							
12:30							
13:00							
13:30							
14:00							
14:30							
15:00							
15:30							
16:00							
16:30							
17:00							
17:30							
18:00							
18:30							
19:00							
19:30							
20:00							
20:30							
21:00							
21:30							
22:00							
22:30							
23:00							
23:30							
24:00							
24:30							
25:00							

進めたとしても、決して早すぎることはありません。専攻が心理学でない場合には、なおさら早めに準備を進める必要があるでしょう。大学二年生から予備校に通っている人もいます。もちろん短期集中型で臨むのもいいでしょうが、できる限り早めのスタートを切って、時間に余裕をもって準備を進めたほうが安心といえます。

第5章

指定大学院受験の実際

5-1 受験校の決め方

5-1-1 研究テーマとその他の条件

臨床心理士の指定大学院は、二〇〇六年三月現在で百四十校あまりが存在します。そのなかで自分に合った大学院をどのようにして選んでいけばいいのでしょうか。

大学受験と大学院受験では、志望校の選び方が異なります。大学受験の場合は、おそらく「偏差値」が学校選びの大きな基準のひとつだったのではないでしょうか。しかし、大学院入試では、大学受験の偏差値のような基準はありません。では、どのようにして選んでいけばいいかというと、通常は、「自分が研究したいテーマ」で選びます。

大学院は学校ごとに特色があり、指導教授にもそれぞれ専門分野があります。先生の専門分野と自分の研究テーマが大きくずれていると、いくら入試の筆記試験の成績がよくても、合格は難しくなります。そのため、まずは心理学の幅広い領域のなかでも、どの領域に興味があるのか、またどんなことをテーマに研究していきたいのかを決める必要があります。このテーマというのは、入試の願書と一緒に提出する研究計画書のテーマであり、大学院入学後に執筆する修士論文のテーマになります。

研究テーマが決まっていたら、そのほかにも以下のことについて検討してみる必要があるでしょう。

(1) 地域

自分が選んだテーマが研究可能であるなら全国どこの大学院でもかまわないという場合もあれば、自宅から通学可能な範囲でなければならない場合もあるでしょう。または、下宿先か実家のどちらかから通学可能であればいいケースもあるかもしれません。通学可能な地理的条件を絞っていきましょう。

(2) 学費

学費については、国立（国立大学法人）の場合は、初年度八十万円強、次年度五十万円強がかかります。

私立大学の場合は学校によってかなり差がありますが、おおむね初年度八十万から百三十万円程度、次年度は七十万から九十万円程度を目安にするといいでしょう。

学費が安いからという理由で国立にこだわる人もいますが、この先の長い人生に関わることですから、ぜひもっと広い目で志望校の特色をつかんでほしいと思います。また、国立は入学試験が難しいという先入観から敬遠する人も少なくありませんが、これも、よく調べたうえで結論を出しても遅くはありません。

（3）社会人入試・留学生特別選抜・内部推薦枠

社会人入試を検討しているなら、社会人入試制度があるかどうかがポイントになるでしょう。社会人入試の場合は、大学卒業後二年から五年が経過していることを条件にしている学校が多いようです。また、心理関連の仕事に就いていることが条件の場合もあれば、仕事をしていなくてもかまわない場合もあります。自分が条件に該当しているかどうかを、募集要項などで確かめておきましょう。

留学生の場合は、留学生特別選抜を実施している大学院もあります。これを希望する場合も、一般入試とは必要な書類や試験科目などが異なるため、確認しておく必要があります。

大学の学部生が同じ大学の院を目指す場合は、内部進学者の枠で受験することもあるかもしれません。内部の推薦や、内部生のための特別枠が設けられているなら活用を検討しましょう。その場合は、大学院によって審査の基準が定められていて、三年次の成績が参照されることもあります。ただし、内部進学の人が合格しやすいかというと、必ずしもそうとは限りません。内部枠のほうが入試の倍率が高く、内部で受験して不合格だった人が一般枠で再チャレンジして合格した例もあります。

（4）第一種・第二種

修了後、実務経験なしで臨床心理士資格認定試験を受験できる第一種の大学院にするか、それとも修了後、一年以上の実務経験が必要な第二種の大学院にするのかも考慮しましょう。

(5) 通学制・通信制・夜間開講

通学可能な場合は問題ありませんが、通信制の大学院や夜間大学院でなければならない場合は、志望校はかなり限定されてきます。

(6) 研究志向か現場志向か

研究職の強い大学院と、現場での実践家養成が中心の大学院があります。
研究職を目指すのであれば、大学院博士課程を視野に入れて、修士課程の選択をしましょう。

(7) 将来の職場

前記の項目とも関連しますが、修了生の進路先の傾向は大学院によって多かれ少なかれ違いがあります。研究職に就く人が多いのか現場で働く人が多いのか、また同じ現場であっても、医療分野が多いのか教育分野が多いのかなど、大まかな傾向は知っておいて損はありません。

就職先が公表されていない大学院でも、学校説明会などで資料を読み上げてくれることや、進学情報サイト・進学情報誌などが主催する進学フェアや大学院フェアなどで、個別に質問に答えてくれることもあります。

受験校の決定にはいくつもの要素を検討する必要があります。しかし、すべての条件について希望どおりの大学院を探すのはとても困難です。そのため、大学院進学に際して、自分は何を重視するのかを決めて各項目の優先順位を決めておきましょう。そして、優先度の低い事項については、希望に合わなかったとしても、ある程度は受け入れるのが現実的だといえるでしょう。

このように、本来であれば研究したいテーマについて研究できる大学院を選ぶというのが筋です。しかし、学校選びの制約がある場合は、大学院を選んでから研究テーマを選ぶという方法もあります。

通常は、まず研究テーマを選び、その後、ほかの条件を考慮して志望校を絞りますが、もしも、ほかにどうしても譲れない条件がある場合は、条件に合う受験校を先に決めて、その大学院に合わせた研究計画書を作成します。

たとえば、自宅から一時間以内で通学できなければならないとか、夜間開講でなければならないなどのケースでは、必然的に受験する大学院は限られます。したがって、まず受験可能な大学院をリストアップして、それらの大学院の先生の専門分野に合わせるかたちで研究計画書を作成します。

ただし、その場合でも、先生の専門分野と自分の興味・関心をうまく関連付けることが大切です。自分が興味をもっていない分野の計画書を提出するわけにはいきません。入試での面接のことや大学院入学後のことも考えて、できるだけ自分の興味・関心に近い分野の先生がいる大学院を選びます。

5-1-2 研究テーマにふさわしい大学院の探し方

自分の選んだテーマについて研究している先生がどこの大学院にいるかは、どのようにして調べたらいいのでしょうか。

(1) 市販のガイドブックで調べる

多くの大学院について先生の専門を大まかに調べたいのであれば、臨床心理学系の大学院受験を目指す人のためのガイドブックのたぐいを購入して調べてみるといいでしょう。全国の大学院について一度で調べることができるため、便利です。

大塚義孝編『臨床心理士養成指定大学院ガイド２００５』(日本評論社、二〇〇四年)や、大学院入試問題分析チーム編『臨床心理士を目指す人の指定大学院完全ガイド』(オクムラ書店、二〇〇四年)などが出版されています。

(2) 募集要項や大学院案内を取り寄せる

ある程度志望校が絞れたら、大学院から募集要項を取り寄せましょう。募集要項もしくはそれと一緒に送られてくるパンフレットに、各先生の研究領域や代表的な論文などが紹介されていることがあります。また、修了生の修士論文タイトル一覧が載っていることもあるので参考になります。

募集要項は請求時期があまり早すぎると入手できません。あらかじめ、電話などで募集要項が完成する時期を問い合わせておくといいかもしれません。

また、予備校に通っている人は、たいていの場合は全大学院の募集要項がそろえられているはずですから、それを活用すれば手間も時間も短縮できます。

(3) ホームページを調べる

大学院のホームページで調べる方法もあります。ホームページは、先生の研究室についてかなり詳しく紹介されているところからそうでないところまで、大学院によってかなり大きな差がありま す。とはいえ、いつでもどこでも無料で閲覧できるホームページを活用しない手はありません。

(4) 論文を調べる

自分の研究したいテーマがかなり定まっているなら、それに関する論文を調べてみてください。論文は、学会誌に発表されています。学会誌は、その学会の会員でなければ手に入らないかというと、そういうわけではありません。たしかに市町村の図書館では探すのが困難かもしれませんが、国立国会図書館であればたいていの論文は読むことができます。

遠方の人はウェブで申し込めば、必要な資料を郵送してくれるサービスもあります。詳しくは、国立国会図書館のホームページをごらんください。

もしあなたが大学生なら、まずは自分が通っている大学の図書館を調べてみましょう。心理学関連の学部・学科を擁する大学であれば、心理学の論文も所蔵されているはずです。図書館にある検索システムを使えば、キーワードで論文を検索することができるでしょう。

このようにして論文を調べると、巻末にその論文で引用されている参考文献の一覧が載っています。その文献は、いまあなたが読んでいる論文と関係がある論文のはずですので、その論文も調べます。さらに、その論文に載っている参考文献も調べ……、ということを繰り返していきます。そうすると、その分野を専門に研究している先生がわかってきます。

また、論文には、執筆した先生の所属も書かれています。そのため、希望の先生がどの大学院にいるかも知ることができるでしょう。

(5) 書籍を調べる

論文以外では、参考までに書籍を調べてもいいでしょう。書籍は論文よりは手に入りやすいかもしれませんが、必ずしもその分野の研究者みんなが本を書いているとは限りませんし、最新の研究は本ではなく論文に発表されます。ですから、書籍は参考にとどめておくのがいいでしょう。

(6) 学会名簿を調べる

もし学会に所属している先輩や友人がいたら、学会名簿を見せてもらってください。先生がどこの学会に所属しているかで、大まかな研究分野がわかります。また、名簿には、先生が特に関心を寄せている領域も載っています。

(7) 講演などを聞く

セミナーや講演会、大学の公開講座などで先生の話を聞く機会があれば参加してみましょう。

もちろん大学院が開催する入試説明会では、大学院の先生方が大学院の特色などについて説明してくださいますので、その際に先生の研究分野も知ることができるでしょう。

(8) 研究室を訪問する

志望校が決定したら、出願の前に研究室訪問をしてみましょう。研究室訪問では、自分が指導をお願いしたいと思っている先生の研究室を訪ねて、研究テーマなどについて事前に先生にお話をうかがいます。訪問する際には、研究計画書をある程度のところまで仕上げたり、その先生の著書や論文に一通り目を通したりするなどといった準備が必要でしょう。

この研究室訪問は、大学院によって扱いがさまざまです。研究室訪問を受け入れる（もしくは、事前の訪問が事実上、受験の前提条件となる）ところもあれば、あまり歓迎しないところもあります。詳しくは、5-3「研究室訪問について」を参照してください。

注意したほうがいいのは、退官間近の教授の下で勉強したい場合です。その先生が退官後に別の大学に移る予定になっていたとしても、そのような情報は時期が来るまで公表されません。このことも、頭の片隅に入れておいていいと思います。

もちろん、定年でなくとも、ほかの大学に移る先生もいます。その場合は、一般の会社でも退職する半年以上も前から転職を宣言する人がいないのと同様に、大学でも、直前になるまで内部のごく限られた人にしか知らされません。ちなみに過去の例では、その年で定年だという先生の研究室を訪問して、いかに先生の下で学びたいかを伝えたところ、「これはまだ誰にも言わないでほしいのだけれど、実は来年の四月から××大学院で教えることになった。私のところで勉強したいなら、××大学院を受けてみなさい」と、こっそり教えてくれたケースがありました。

その人は、××大学院を受験して合格し、希望の先生の下で研究することができました。このような例はまれかもしれませんが、自分から積極的に動くことによって情報を手に入れることができた例といえるでしょう。

5-2 研究テーマはどうやって決めればいいか

研究テーマは、どのようにして決めていけばいいのでしょうか。

大学で心理学を専攻した場合は、卒業論文のテーマをさらに発展させるかたちで研究テーマを決めるのがひとつの方法です。卒業論文で取り上げたテーマと大学院で研究したいテーマに一貫性があるなら、この方法が最も研究計画を立てやすいでしょう。

卒業論文と異なるテーマを選んでも、もちろんかまいません。卒業論文のテーマにとらわれる必要はありません。面接で、なぜ卒業論文と異なるテーマを選んだのか聞かれるかもしれませんが、そのときに説明できればかまいません。ただ、大学四年生の場合は、卒業論文を作成しながら、さらにそれとは異なるテーマの研究計画書も作成するとなると、そのぶん苦労するでしょうから、覚悟したうえで取り組みましょう。

卒業論文を書いていない場合や他専攻出身の場合は、一からテーマを探すことになります。まず、心理学にはどのような分野があり、どのようなことが研究されているかを知る必要があります。特に、指定大学院を目指す場合は、心理学のなかでも臨床心理学で扱われているテーマが中心となるでしょう。

最初の段階としては、心理学あるいは臨床心理学が扱うテーマのなかから、非常に大雑把でいいので、自分が関心をもつテーマをいくつか選んでみましょう。たとえば、「摂食障害」「働く人のうつ」「不登校」など、初めはどのようなことでもかまいません。

これは、自分が心理学を勉強しようと思ったきっかけと関連することかもしれません。たとえば、職場でうつになった同僚がいて、それが心理学に対して関心をもつきっかけでストレスとうつについて研究するといった場合は、これに当てはまります。

このほかに、心理学を勉強していくうちに、特に興味のわく研究分野が見つかるというケースがあります。心理学を学ぶときには、「認知」「学習」「発達」……などの各分野を一通り勉強しますが、そのなかでも、自分は特に乳幼児の発達について興味をもったのでその分野を研究する、といったケースです。

いずれにしても、心理学の領域のなかで、自分は何を研究したいのか、あらためて考えておきましょう。

このようにして大まかにテーマを絞ったら、次に、自分が選んだテーマに関する本や論文を探してみましょう。図書館では、キーワードで検索できるシステムを備えているところもあります。また、よくわからない場合は、レファレンス（必要な資料や情報を探す手伝いをしてくれるサービス）を利用してもいいでしょう。

いくつか取り寄せて読んでいくなかで、自分にちょうどいいテーマを絞っていきましょう。

そして、その分野ではどのような方法でどのような研究がおこなわれているのかをよりこまかく知ると、詳しく研究したいことや、自分がおこないたい研究などが見えてくるでしょう。

研究テーマは、自然に湧き出てくるものではありません。先人がおこなった研究をよく知ることで見つかるものだと考え、先行研究を丹念に調べていくことが大切です。

それから、ひとつ頭の片隅に入れておいたほうがいいのは、研究テーマは実現可能なものにすべきだということです。研究に何年もかかるようなあまりに大きすぎるテーマはふさわしくありません。また、被験者についても、自分で集められる可能性があるものに限ったほうがいいです。大学院の二年間で研究可能なものにしましょう。

入試の面接で、「そんなに大きなテーマを本当に二年間で研究できるんですか？」「被験者はどうやって集めるのですか？」と聞かれたときに答えられそうにないようだったら、もしかするとテーマ設定の仕方を誤っている可能性があります。あくまで研究テーマについて修士課程（あるいは博士前期課程）で研究できるということが前提になります。

研究テーマについての文献の調べ方や研究計画書の書き方については、第4章を参照してください。

5-3 研究室訪問について

「大学院受験をするときに研究室訪問はしなければなりませんか？」ということをよく聞かれます。結論からいうと、大学院に合格した人のなかには、研究室訪問をした人もしなかった人もいます。

まず研究室訪問そのものを受け入れていない大学院では、正式には訪問することはできません。訪問を受け入れない理由はさまざまでしょうが、おそらくすべての訪問希望を受け入れる時間的な余裕がないことなどがあげられるでしょう。たしかに、毎年百人以上の人が受験する大学院もありますから、研究室訪問を受け入れられないというのもやむをえないことです。

しかし、そのかわりに入試説明会を実施するところが増えてきました。説明会を実施している大学院の受験を検討しているなら、できる限り出席しましょう。説明会では、全般的な説明のほかに、大学院の施設を案内してくれたり、教授と個別に相談できる時間を設けたりするところもあります。

また、パンフレットやホームページには載っていない情報を得られることもあります。たとえば、在校生の実習先や、修了生の具体的な進路などに詳しく答えてくれるケースもあります。

研究室訪問を受け入れている大学院を受験する場合は、必要に応じて訪問するといいでしょう。研究室を訪問する主な目的は、自分が研究したいテーマでその先生に指導していただけるかどうかを確認することですから、少なくとも、研究計画書がある程度仕上がっていることと、先生の著書や論文に一通り目を通していることが前提になります。このほかにも、研究室の雰囲気や、先生との相性などを知りたいといった目的もあるかもしれません。

研究室訪問の際には、先生も忙しいので、どのようなことを質問したいかをあらかじめまとめてから行くようにしましょう。

研究室訪問の結果、先生の専門と自分の研究テーマがぴったりだということがわかったということもあれば、逆に、詳しく話を聞いてみると自分のやりたいことと違っていたという場合もあるでしょう。研究室訪問では、受験前にそのようなことを確かめることができます。

少数ですが、研究室訪問をしないと合格が難しい大学院もあります。特に、募集要項に事前の研究室訪問が必要との記載がされている場合は、受験前に必ず訪問するようにしましょう。

では、実際にどのような手順で研究室訪問をおこなえばいいのでしょうか。

もし、先生の授業やセミナー、講演会の出席者として直接会う機会があれば、その際に申し出てもいいでしょう。そうでなければ、大学院に電話をかけて、研究室訪問の希望を伝えてみましょう。学校によっては、先生の研究室の電話番号を教えてくれる場合もありますし、あるいは研究室訪問は受け入れていないため説明会に出席するように言われることもあるでしょう。

もし先生のメールアドレスが公開されている場合は、メールを送ってもいいでしょう。もちろん、最も丁寧な方法としては、手紙を書くことです。

研究室訪問を受け入れてくれるようでしたら、準備をしたうえで訪問してください。

もし自分が通っている大学の大学院に進学する場合は、研究室訪問をする前に、研究室の雰囲気を知っておくのもいいでしょう。所属するゼミの先輩などに大学院の様子を聞くことは容易だと思います。

希望する進学先が卒業論文の指導をお願いしている先生の研究室であれば、先輩にお願いするまでもありません。日頃から先生にご指導いただいているわけですから、出願前にあらかじめ先生に大学院を受験することを伝えて、アドバイスしてもらいましょう。知っている先生であればなおさら、日頃の授業や卒業論文に熱心に取り組まなければなりません。

もし説明会を実施している大学院を受験する場合は、できる限り参加するようにしましょう。大学院が作成しているパンフレットやホームページなどを調べるのはもちろんですが、なんといっても大学院の雰囲気を肌で感じながら、先生から直接説明を聞ける機会は、逃すべきではありません。先輩や友人などからの口コミ情報はたしかに役立つかもしれませんが、それはあくまでその人の目を通して見た話ですし、口コミのなかには真偽が確かでない話もあります。

その点、自分の目で確かめ、直接質問できる説明会に参加することは、たいへん有益でしょう。実験・実習室や、付属の相談センターを案内してくれるところもあり、施設の充実度を感じることもできます。

5-4 面接ではこんなことを聞かれました

大学院受験では、筆記試験だけではなく、面接試験（口頭試問）もおこなわれます。

大学院の合否は、単に筆記試験で高得点が取れればいいというわけではなく、研究計画書や面接試験も含めて決められます。したがって、あらかじめ面接で聞かれることを想定して、事前に準備しておきます。家族や知人に面接官役をやってもらい、自分の考えをうまく伝えられるように模擬面接を実施しておくと、本番のときにはいくらか落ち着いて臨めるでしょう。

ここでは、実際に声に出して練習することが大切です。言いよどみなくすらすらと答えられるようにすることが目的ではありません。仮に、緊張で頭が真っ白になったとしても質問に答えられるくらいにしっかりと準備を整えたという自信があれば、意外と落ち着いていられるものです。「あれを聞かれたらどうしよう」「これを聞かれたら何て答えよう」といった心配をなくすためにも、面接練習はしておいたほうがいいでしょう。

面接試験の形式や内容は大学院によりけりですが、いくつかの観点から分けてみると、次のようなパターンがあります。

①対象者

受験生全員に実施する大学院と、一次試験（筆記試験）合格者だけにおこなう大学院があります。

②実施日

面接試験が、筆記試験と同じ日におこなわれる場合と、別の日におこなわれる場合があります。

③形式

通常は、受験生一人に面接官が複数人の形式でおこなわれますが、ごくまれに、受験生複数人に対して面接官複数人の集団面接がおこなわれることがあります。

④時間

数分で終わることもあれば、三十分以上かけてじっくりおこなわれることもあります。一般的には、十五分程度と考えていいでしょう。

⑤合否に占める比重

筆記試験と面接の総合得点で合否を決める大学院と、筆記試験の成績が一定水準以上の者に対して、筆記試験の成績にかかわらず、面接結果だけで最終的な合否を決める大学院があるようです。

面接重視の大学院もありますが、それでも、あくまで筆記試験がある程度以上の成績であることが前提です。筆記試験の成績が一定の水準に達していないにもかかわらず、面接だけの成績で合格が決まるということはありません。

面接では一般に、志望動機や研究計画について詳しく聞かれます。願書とともに提出してある志望理由書や研究計画書をもとに、よりこまかな内容を質問されるでしょう。書面に書ききれなかったことも含めて答えられるように準備をしておきましょう。

志望理由書と研究計画書は、提出する前にコピーをとっておくことが重要です。特に複数の大学院を受験する場合は、それぞれの大学院向けにアレンジしたものを提出しているはずですから、区別がつくようにすべてのコピーを手元に残しておきます。

そして、面接試験の前にはもう一度、志望理由書や研究計画書を熟読して、面接で矛盾したことやあいまいなことを答えないようにしましょう。志望理由書も研究計画書も、書き上げてから面接までに間が空きます。その間に意外とこまかい部分の記憶があいまいになってしまうものです。

すでに提出してしまった研究計画書であっても、自信がないところがあったら、事前により詳しく調べておきましょう。自分でも自信がないところやあいまいなまま書いてしまったところを、面接時にしっかり答えられるようにしておくと安心です。

次に、面接試験で実際にどのようなことを聞かれたのか、大学院受験生に聞き取り調査した結果を紹介します。

- 筆記試験の出来はどうだったか
- 大学時代の専攻
- 卒業論文について
- 志望動機
- 臨床心理士を目指す理由
- 心理学に興味をもったのはいつからか
- 大学院を修了したらどのような領域で働きたいか

・臨床心理士にとって大切なことは何か
・自分は臨床心理士に向いていると思うか
・説明会には参加したか
・本校の特色やカリキュラムをどの程度調べたか
・希望する先生は誰か
・どのような方法で勉強したか
・勉強に使った本の書名
・どれくらいの期間、入試の準備をしてきたか
・研究計画について
・苦手な分野があるようだが、どうするのか
・（研究計画の内容について）被験者はどうやって集めるのか
・研究計画書を作成するときには、どれくらい先行研究を調べたか
・心理学とはどのような学問だと思うか
・○○（心理学の専門用語）について説明してください

これらはすべて、受験生が報告してくれたものです。面接にも準備が必要です。ぜひこれを参考にして、十分に準備を整えたうえで面接に臨みましょう。準備なしに、とっさにその場で答えることは困難です。

また、大学院によっては、圧迫面接がある場合があります。「あなたは大学での専攻が心理学ではないようだけど、本当についていけるのですか？」「研究計画書を見ると統計をまったくわかっていないようですが、どうするつもりですか？」「臨床心理士に夢を抱いているようだけれど、現実はそんなに甘くはありませんよ。進学よりも、就職したほうがあなたのためでは？」など、厳しく質問された人もいます。あやふやな気持ちで受験したならば、これらの質問に答えることは難しいでしょう。また、確固とした信念をもって進学を決意した場合でも、このようなプレッシャーのかかる場面では冷静さを失わずに対応できることが重要です。急に自信を失って答えられなくなったり、逆に感情的に反論したりするのは面接場面ではふさわしくありません。場に適した対応をしましょう。

このほか、社会人であれば自身のキャリアについて尋ねられるでしょう。現在の仕事に大学院で学んだことを生かしたい場合は、具体的に大学院で学ぶ意義はどのような点にあるのか、大学院で研究したことが具体的にどのような場面で生きるのか、明確にしておきましょう。

また、これまでの仕事が心理学とまったく関連がない場合や、退職して進学する場合は、なぜ大学院に進学するのか、その意義や目的意識について自分なりにまとめておきましょう。

面接では、「相手に伝わるように述べる」ことが肝心です。また、相手が求めていることに対して的確な答えを返すことが大切です。

「研究計画書について簡潔に説明してください」と言われたときと、「研究計画書について詳しく説明してください」と言われたときとでは、相手が求めているものはそれぞれ違います。同じ研究計画書について説明する場合でも、詳細な説明から概略の説明まで、いくつかの答え方を準備しておきましょう。

それから、ときどき面接時の服装について迷う人がいますが、スーツか、もしくは華美にならないような服装であればいいでしょう。服装が合否に影響することはないでしょうが、第一印象はいいに越したことはありません。実際の面接試験会場では、スーツが無難だとされているようで、スーツ姿の受験生が多いようです。

5-5 受験生の合格体験記

では、実際に大学院を受験した人は、どのようにして合格を手にしたのでしょうか。その準備の進め方から、受験当日の様子や現在の勉強、仕事について聞いてみました。大学院を受験する人たちの背景はさまざまで、高校生のころから臨床心理士を目指していた人もいれば、まったく違う分野の大学を卒業して何年か会社勤めをしたあとに（あるいは定年退職後に）心理学を学びはじめる人もいます。

ここでは、大学のときから心理学を専攻し、現在は臨床心理士指定大学院で学ぶOさんの経験をうかがうことにします。

●法政大学大学院人間社会研究科臨床心理学専攻修士課程一年　Oさん

私は大学受験のときから臨床心理士になりたいと考えていたので、心理学が学べる学部を選びました。そのため、大学に入学したときから院のことは念頭に置いていました。だからといって一年生のうちから勉強を始めていたわけではありません。自分が本当に臨床心理士になって働きたいか、大学院に進学してまでやりたいことなのか、経済的なことなどを考えて決心したあと、院に向けてなんとなく勉強を始めたのは大学三年の夏休みからでした。

そのころはいろいろな情報を集めてどんなふうに勉強を進めるかを考えました。まず、苦手な英語は早めにやっておかないとあとあときつくなることを感じて、夏から秋にかけては専門科目よりも英語に比重を置いて勉強をしました。

最初は、大学受験のときに使った英語の参考書で自分が使いなれていて、なおかついちばん役に立ったと思っているものを使い、そのほかに通信講座の教材を使いました。その通信講座の教材というのは心理系大学院受験のために『ヒルガード』を用いて作成されていたものだったと思います。ページの見開き半分に英文が、反対半分に日本語訳が載っているという形式の本でした。このような教材を使用しながら夏から秋にかけては文法の復習や語彙の増加、心理系の専門単語の増加を目指し、あとは心理学の英文に慣れていくという気持ちで勉強していました。

その後、本格的に英文を読みはじめたのは冬ごろからです。冬からは前述した通信講座の本を英語で読んで、実際に日本語訳を書いていく練習をやりました。このころは時間にも気を遣いながら、訳すことで気を引き締めてできたと思います。そして最終的には同じ本を三回は訳したと思います。何度もやっているのでだいたいの内容はわかっているのですが、どうしてもいつも引っかかってしまうところや苦手なところが出てきます。その部分はそれ以上の回数を繰り返しやったと思います。

また、受験三、四カ月前には、指導教授からすすめられた本（留学生用の心理学入門の本で日本語訳がついています）も使用しました。こちらもとても使いやすかったです。しかし、難易度はやや低めなので勉強しはじめのころに使うのがいいかもしれません。また、通信講座で添削もしてくれたので、何回かに分けて論述の添削指導を受けました。最後の追い込みの時期には、志望大学や似た傾向のある学校の過去問題集を解いて、実践的な力をつけていくようにしました。

専門科目は大学三年の夏にまず軽く、心理学一般と臨床心理学を一通りやって、その後、秋からは第一志望に絞った勉強の仕方に切り替えました。第一志望は通っていた大学で内部受験というかたちだったので専門は臨床心理だけになっていたために、臨床に絞っておこないました。一般的な臨床心理学の概論書を二冊程度読み、自分でわかりやすいようにまとめました。その後は第一志望の大学院で指導している教授の専門分野周辺の知識を特に増やしていきました。そして、一つひとつの用語に対して、四、五行程度でまとめるという練習を繰り返しました。

実際に自分で書いてみると、自分の足りないものに気づきます。私の場合は、なんとなくわかっているのですが、文章化して説明できるほどに頭のなかで整理しきれていないことに気づいて、二カ月前くらいからは、ひたすら論述の練習をしました。論述を勉強しているときに役に立ったのは、有斐閣の『心理学辞典』です。こちらでだいたい事足りたのですが、たまに載っていないものもあったので、それは『カウンセリング辞典』(氏原寛/小川捷之ほか編、ミネルヴァ書房、一九九九年)や『心理臨床大事典』などで調べました。

いままで述べたもののほかに、ファイブアカデミーが配信しているメールマガジン「一日一語の心理学」や、またほかのところで配信している「心理の英単語」や「心理用語」などのような定期的にメールが送られてくるものを利用して、受験対策につながるものも気軽に利用していました。こちらのほうはちりも積もれば山となるといった感じで、長くやっていると多くの量の用語にふれることができてとても助かりました。

直前には、院を目指している友達と一緒に、志望校の過去問題や、似た傾向のある大学の過去問題を解いて、わからないところをお互いに教えあったり、事例を読んで話し合ったりして、仲間がいるからこそできる勉強もやっていました。同じ目標に向かって刺激しあい、助け合いながら勉強できるというのは支えになりました。

・試験当日について

英語にも専門科目にも共通していえることですが、実際に試験問題を目の前にしてどうしてもわからない（または、あやふやな）問題というのが出てくると思います。しかし、そのようなときにもいままでに勉強してきたことのなかで使える知識がたくさんあるはずです。私はピンポイントでは覚えていなかったことでも、そのほかの知識からなんとかヒントを得て解答につないでいきました。当日はとにかく、いままで自分が勉強してきたことをすべて活用して試験に体当たりしてみてください。

・現在私が通っている大学院について

私が通っている大学院の特徴をあげるとすれば、偏りなく臨床分野の知識を学べるということだと思っています。だからといって、一つひとつが浅いわけではありません。まんべんなく学べたうえで、自分が興味のある分野はどんどん深めていくことが可能です。教授はさまざまなフィールドで活躍している人ばかりなので、授業内容も充実しています。また、「臨床心理士とは」という根本的なことを考えさせられる機会が多く、自分たちは臨床心理士としてどのようにしていったらいいかを考えながら勉強できる気がしています。

実習先の環境も整っていて、すべての人が病院実習をおこないます。また、学校付属の相談室でも実習がおこなわれます。そのほかに学校・教育関係など、さまざまな実習・研修・ボランティア・見学先の紹介がくるので、自分の興味に合ったものにふれながら勉強していくことが可能です。

Oさんは、かなり早い時期から臨床心理士になる決意をし、計画的に準備をしてきたようです。心理学全般や英語に早い段階で取り組んで、志望校の対策にスムーズに移ることができたのがよかったのでしょう。また、一人だけで勉強したのではなく、うまく仲間と刺激しあうような環境もつくっていました。このあたりにも、合格のヒントがあるのかもしれません。

次に、厚坊浩史さんをご紹介しましょう。厚坊さんはすでに臨床心理士として働いていらっしゃいますので、大学院受験のことに加え、現在の仕事の経験から日頃考えていることについても、あわせてうかがってみました。

●独立行政法人国立病院機構南和歌山医療センター診療部　心理療法士　厚坊浩史さん

私が臨床心理士を目指したきっかけは、〝人の心の傷が癒され回復し、成長を遂げるプロセス〟を追求したかったからです。私自身、神戸市出身で高校一年生のときに阪神・淡路大震災に遭い、尊い命の犠牲を目の当たりにしてきました。そのなかで幸い大きなけがもなく生き残った人が苦しんでいるのを見ました。いま思うと専門用語でいうところの「サバイバーズ・ギルト」であった人も多くいたように思います。私もその一人だったかもしれません。しかし、当時ボランティアで神戸に来てくださった人たちに支えられ、一時期は不眠やパニックなどで荒れていた心の機能が徐々に回復していったのを覚えています。すっかりエネルギーを取り戻したころ、あらためて心の機能に興味がわいてきました。

私はもともと、商社の営業職を目指して大学では経済学を専攻していましたが、就職活動で自己分析をおこなった結果、私の希望と現実に非常にズレがあることが明確になってきました。やはり、どうしても「人の心に携わる」仕事がしたかったので大学卒業後、三年次編入をして、そのまま大学院への進学（臨床心理士第一種指定校）を果たし、現在は国立病院の緩和ケア病棟を中心に常勤心理士として勤務しています。

さて、受験に関してですが、みなさんのなかに得意分野と不得意分野は必ずあります。そして得意分野を伸ばしたほうがいい場合と、不得意分野を克服したほうがいい場合もあります。どちらがいいかは、自身の勉強スタイルに関係があるところでしょう。結論をいえば、「何もかも全部覚える必要はない」ということです。もちろん、覚えていたほうがいいのですが、正直限界があると思います。そのなかで、いかに偏らずまんべんなく勉強するかが大切です。基礎の部分で十分です。ある大学院の入試で、重篤事例の具体的対処方法を問う問題を見たことがありますが、それは出題する側の見識を疑います。現場にも出たことがないストレートマスターの人に問える問題などではありません。「知識として知っておいたほうがいい」と反論されるかもしれませんが、それは大学院での養成課程で学ぶことです。このような問題が散見される大学院は受験しないことをオススメします。はっきり言って、在学生が泣き寝入りせざるをえない問題を抱えた大学院は数多くありますので。

少し話が逸れましたが、基礎はしっかりと勉強しておく必要があります。認知、学習、記憶、そして発達に関してです。私は、応用的知識を攻めるよりも〝入門レベル〟をきっちりマスターすれば、たいていの大学院は通過できると思っています。

では、具体的な勉強方法です。私が実践してよかった方法は、専門用語の語句説明の問題を自分で作って、何も見ずに解答を書いてみるという方法です。そして間違ったところは辞書などを引いて、的確な解答を〝書く〟ことが大切です。何度も反復して書くと頭に入ってきますし、書きなれてくることも多いものです。どこの大学院入試でも、基本は語句説明がありますし、論述や英語についても語句の意味を知っていないと書けないことが多かったり、次第に本題からずれてくることも多いはずです。基礎理論を徹底させる意味でも、この方法はオススメします。

また、大学院入試は、その大学院独自の雰囲気が問題に反映されます。たとえば、精神分析的立場をとる教員が多い場合は、どうしてもその方向の問題が多くなりますし、教育関係の心理療法などに重点を置いている場合も同じです。つまり、過去問の分析は非常に重要になってきます。大学院受験で大切なのは、「どこでもいいから合格したらいい」という気持ちはあだとなる場合が多いということです。これだけどこの大学院も狭き門になっている現状では、ある程度受験校を絞って対策を練るほうがいい場合が多いようです。

私が合格した徳島文理大学の大学院は、倍率がさほど高いわけではありませんでした。試験内容は専門・英語・面接でした。専門は統計から発達、臨床や生理分野にまで多岐にわたっていました。英語は道徳教育に関する内容でした。これは、専攻内に臨床心理学コースと児童学コースの二コースがあった兼ね合いだと思いますが、社会規範意識などの観点などが非常に役に立ちました。心理学は、非常に幅の広い学問です。短絡的な発言ですが、「どのような分野の学問にも通じる」といえるでしょう。他領域の学問、特に教育や医学、福祉学などは今後ますます連携が求められることは間違いないので、そういう意味では受験とは違うところで本を読んでみたりするのもいいかもしれません。心理学専攻のメリットは「どんな知識でも応用できる」というところです。

では、いよいよ面接です。何をアピールしたらいいかを簡単に書いてみます。

心理学に興味をもっている人、なかでも臨床心理士を目指す人は、心に関心がある人です。その理由として多く耳にするのが、「自分が○○な体験をして、しんどい思いをした。なので、そういう人の力になりたい」という動機でしょう。たしかに立派な動機です。人の心の苦しみを理解し共感することは大切ですので、自分の経験から得られるものがあることは否定しません。実際、私もそうでした。

しかし、それだけで人助けができるというのは大きな間違いです。私も、前述したように「苦しんだ経験」があります。その経験は武器にもなる反面、クライアントや自分自身をズタズタに切り裂いてしまう可能性があるものだということを常に頭に入れておかなければいけません。たとえば、不登校で悩んでいる人がいるとします。カウンセラーも元不登校児でした。カウンセリングのなかで、カウンセラーがクライアントに投げかける言葉は、本当に心から相手のことを考えた末の言葉なのか、それとも〝あの日の自分〟に投げかけた、つまり〝傷ついて癒されていない自分〟に投げかけた言葉なのでしょうか。この違いが、やがて非常に大きな溝を生みます。そしてその溝は関係に亀裂を生み、お互いが傷ついたままになってしまいます。そして悲しいことに、こういうことはカウンセリングのなかで頻繁に起こってしまうことなのです。

となると、このあたりを非常に熟知している臨床心理士の面接官に対し、面接で自分の体験を話すのはある意味非常に危険です。もし、体験がもたらす功罪を理解し、それを面接官に伝えることができれば、おそらく面接官は納得するでしょう。誰にでも心の闇はあるわけで、過去のつらい体験もあるのは間違いないのですから。でも、臨床心理士を目指したひとつのきっかけとしてならまだしも、それだけが自分の武器になってしまうのは、あまりにも問題です。自分のつらい体験を延々と話し、そこから得たものを並べ、「だから人助けがしたいんです」というのは、傍から見ると「この人はクライアントの力になりたいのか、それとも自分が救われたいのか」という状況に陥ります。

私は、臨床心理士を目指す人は裏表の理由があると考えています。表の理由は「家族療法に興味がある」「スクールカウンセラーになりたい」などで、裏の理由は前述した心の闇の部分です。面接で話すのは、表の理由だけで十分です。あまりに裏の理由が強くて表の理由がない状態であれば、迷わず今年度の受験をあきらめてほしいと思います。それは、あまりにも危険な状態だからです。面接はあくまで学術的な部分を確かめる場です。人生経験を語る場ではありません。そこを混同しないようにしてほしいと思います。

最後に、みなさんは臨床心理士になることをどう考えていますか？　おそらく大きな目標でしょう。でも、臨床心理士になることは、あくまで通過点です。それで終わりという目標設定であれば、おそらく長続きしない仕事でしょう。みなさんが考えている以上にハードな仕事です。自分の感情をときには抑え、コントロールし、優遇されない場所でたった一人で居場所も与えられないまま働くことが当たり前の仕事です。そのような環境のなかで、少なからず精神的な安定を失ったなかで、それでもクライアントと関わるのは相当なエネルギーが必要です。

また臨床心理士という仕事は、主にチームで関わる仕事です。私のように医療現場であれば医師や看護師・薬剤師などと、福祉現場であれば児童指導員・ワーカー・保育士、教育現場では教師や児童相談所の職員など、他職種の人と仕事をすることがほとんどとお考えください。そのなかで、臨床心理士として絶対に必要なものは「社交性と伝達能力」です。臨床心理士が関わるのはクライアントだけじゃありません。私は大学院在学中に児童養護施設・精神科クリニックの非常勤職員として勤務し、スクールカウンセラーとして中学校にも行きましたが、私がまず会うのは対人援助の専門家（しかもほとんどは自分より年配者）であり、その人たちにいかに臨床心理学の知見を伝達するかが常に求められます。

つまり、「人の役に立ちたい」という気持ちだけでは絶対にこの仕事は成功しません。もちろんその気持ちは大切なのですが、私はいつも「人の役に立つためには、まず自分が雇用されているなかで役に立たなければならない」と感じています。いま、受験生のみなさんがやっている勉強は「こんな知識が、どうクライアントの役に立つのだろう」と思われる人も多いかもしれません。でも、クライアントに直接役立たない知識はあるかもしれませんが、そのクライアントに関わる他職種の人へのコンサルトに役立つことも多いかもしれません。間接的ではありますが、それが結果的にクライアントのためになるといえるでしょう。そして何より、自分が雇用されているなかで役に立つということがいえるでしょう。日々の業務は、これらの小さなことの積み重ねです。そして、これらの根底にあるものは社交性と行動力・判断力だと思います。この職種で成功したいのであれば、勉強とは異なる部分でそのような社会的スキルや人間的スキルを磨いてください。必ず身を助けます。

臨床心理士は心の専門家です。社会ではこの資格に対していろいろな物議がありますが、私が自信をもって言えることは「臨床心理士にしかできないことは必ずある」ということです。ただ、「臨床心理士にしかできないこと」は、自分で作っていく必要があります。その能力がないと、誰でもできることをただやっていくだけになります。もしかすると、誰でもできることさえできない無能な心理士になるかもしれません。

そうならないために、少しでも知識を身につける必要があります。受験勉強は、その第一歩だと考えてください。受験勉強は大学院への扉と同時に社会への扉でもあるのですから、熱意と信念、知識をもったみなさんが無事、難関を突破されることを願っています。

臨床心理士を目指すみなさんにとって大切な考え方から、いざ大学院受験を決めてからの具体的な勉強の仕方まで、先輩方の体験談はたいへん参考になることと思います。特に身近に心理系の大学院に進学した人がいない場合は、役立つ話もたくさんあったのではないでしょうか。

ここでは、大学院に進学した人からの体験談をうかがいましたが、次の節では、進学希望者を受け入れている大学院の先生にインタビューした内容をお伝えしようと思います。

5-6 大学院の教授へインタビュー

ここでは、大学院で教鞭をとっている先生に、指定校の実態についてインタビューします。

東京国際大学大学院臨床心理学研究科の研究科長である狩野力八郎教授にお話をうかがいました。大学院にはどのような人が通っているのか、就職率はどれくらいか、どのようなカリキュラムで研究を進めていくのかなど、受験生なら誰でも気になることをお話しいただきました。

斉藤――よろしくお願いいたします。さっそくですが、数ある臨床心理士第一指定大学院のなかで、東京国際大学大学院はどのような特色があるのかお聞かせください。

狩野――特色は、大きく分けると三つあります。まず、臨床心理学の実践に関する基礎的な知識や経験を身につけていくことを重視します。たとえば、実習は、臨床心理基礎実習が二つ、心理実習が三つ、それから臨床心理査定実習が二つあり、それぞれ複数の教員が担当しています。また、学内の臨床心理センターで実践を学んでいきますので、実践と基礎の両方をバランスよく身につけるように力を入れています。これがまず第一です。

それから二番目は、臨床心理の世界というのは非常に幅が広いのですが、とりわけ医療の領域では、精神医療と密接に関連があります。実際、私自身が精神科医でもありますし、精神医学の領域との関連や、その領域の勉強を重視しています。本研究科の創設時には、私を含めて精神科医が三人いました。いま現在は、二人がそれぞれ辞めたり亡くなられたりしたので私だけになったのですが、来年からはもう一人、心療内科医で心理療法ができる教員が一人加わりますので、精神科臨床の専門家が二人になります。このように、精神医学、精神医療、心療内科といったものとの関連をとても重視していることが、二番目の特徴だと思います。

それから三番目は、授業科目を見てもわかるように、非常に幅広い科目をカバーしています。先ほど基礎を重視していると言いましたが、修士の二年間で臨床心理に関する基礎的な素養を身につけてほしいという意図があります。臨床心理の何かの分野の専門家になるのはもっと先でいいと考えています。修士二年間は、徹底的に基礎を幅広く学んでほしいということなんです。

特徴・特色といえば、だいたいこの三つでしょうか。

斉藤――そうしますと、特にある分野を集中して学ぶというよりも、基礎的なことを幅広く学べるようなカリキュラムを作っていらっしゃるということですね。どちらかというと、研究者養成というよりは、現場で活躍するような人材を育てていくことを重視されているのですか？

狩野――必ずしもそうだとは言えないのは、臨床心理を実践するという姿勢には、基本的にはリサーチマインドがないといけない、つまり研究的な態度・姿勢が必要だと考えています。ですから、実践的なことを学ぶには、同時に研究もおこなわなくてはならないということを強調しておきたいのです。必ずしも将来臨床の実践家になる人材だけを育成しようというのではなく、研究者も目指せるような、つまりどちらにも道が開かれているような、ということを考えていますね。

斉藤――では、次に、こちらの大学院を志望する受験生についてお聞きしたいと思います。最近の受験生にはどのような人が多いのか、傾向や特徴などを感じることはありますか？

狩野――本研究科ができてまだ五年目ですので、最近の受験生の傾向といえるほどのものがあるかどうかわかりませんが、この五年間の経験に限って言えば、それほど何か特別な傾向があるわけではないと思います。

ただ、ちょっと辛口なことを言うと、みなさん勉強に対するモチベーションが非常に高い。これはとてもいいところですね。非常に熱心です。これはこの五年間ずっとそうです。だから、こちらが提供すること以上の勉強を自主的にどんどんやっています。自ら研究会を作って勉強していますし、その意味では与えられたものだけをやるのではなく、主体的に勉強していこうという傾向があるので、そこがとてもいいと思います。

ところが、もう一方で、――こちらが辛口のほうなのですが、入学したとたんに明日から専門家になれる、あるいはなったかのような気持ちになる傾向が、やや見られると思います。臨床家・臨床心理の専門家になるには——しかも独り立ちしてやれるようになるには、大学院を出てようやくその出発点、スターティングポイントに立つわけです。大学院を出てそれで臨床心理の資格試験に合格して、そこからがスタートなのです。まだスタート以前の段階なのにもう専門家になったような気になってしまって、たとえば学外に実習に行ったりするときに、ほかの経験がある専門家たちとコミュニケーションをとる場になるとやや謙虚さに欠ける点があると感じることがあります。

しかしこれは最近の傾向ではなくて、このようなことはどの領域でも——医者の領域でもありますからね。国家試験に通って医者になった一年目というのは、みんな急にいばりだすからね（笑）。それと同じようなものです。そのへんが、ちょっと気になるところでしょうか。そのほかは、格別どういう傾向というのは見当たらないですね。

斉藤——そうですか。それでは、年齢層などはいかがですか？

狩野——年齢層は、最初から、ここはストレート組だけではなくて、社会人入試にも力を入れていますので幅広くいらっしゃいます。それから、すでに社会人になった人が、社会人入試ではなく一般入試枠で受験してくるということも多かったので、一年目から特別な変化というのはありません。だからストレート組と社会人経験者が、ほどよくバランスがとれていますね。

斉藤――では大学を卒業したばかりの若い人から、かなり上の人までいらっしゃるということですね。上は何歳くらいの人までいらっしゃいますか？

狩野――五十代半ばくらいでしょうか。

斉藤――そうですか。こちらは昼間のカリキュラムですので、そういう人はやはり、お仕事はやめてこられているということでしょうか？

狩野――そのようです。

斉藤――男女比はいかがでしょうか？　やはり、女性のほうが多いのですか？

狩野――いや、そうとも限りません。昨年までは女性のほうが多かったのですが、今年は逆転して、男性のほうが多かったようです。

斉藤――臨床心理を目指される人は、うちなどでも女性のほうが圧倒的に多いのですが、そうしますと、今年は男性のほうが多く入ってこられたということですね。

狩野――たしかに、受験生の総体から見ると女性のほうが多いようです。でも今年は、合格した人がたまたま男性が多かったんだろうと思います。

具体的に言うと、今年の一年生が、男女比は十五対十四です。その前年までは圧倒的に女性のほうが多かったですね。今後この傾向が続くかどうかはわからないですが。

斉藤――普段接しておられて、男性・女性の違いなどを感じることはありますでしょうか？

狩野――特に感じませんね。この領域は、男性だろうと女性だろうと、やれる領域だと思います。

斉藤――では次に、受験に際しての準備についておうかがいしたいのですが、筆記試験のための準備は、みなさんやったうえで受験されると思います。学力以外には、ここへ来るまでにこのような準備をしておいてほしいとか、こういった経験をしておくといいだろうといったようなことは、何かありますか？

狩野――……特にないですね。

斉藤――ということは、どのような背景をもっている人でもよろしいわけですね？

狩野――全然、かまいません。

斉藤――では、臨床心理士を目指すにあたっての適性というのはありますか？

狩野――適性については、普通の人であればかまいません。格別これでなければならないというものではないと思いますね。たとえば、医者でも、こういう性格でないと医者になってはいけないなんていうものはないでしょう？　それと同じです。何か非常に特殊な性格傾向でないと向いていないとか、そういうものではないと思います。どなたでも、きちんと勉強して経験を積めばできます。

自分の特徴や特性を活用して仕事ができるような、非常に広い領域を臨床心理学は含んでいると思います。その意味では、普遍性というのが、臨床心理学にはあるのではないでしょうか。

斉藤――では次に、卒業したあとのことについておうかがいしたいのですが、修了者はどのような分野で活躍されているのでしょうか？

狩野――研究科自体がまだ若いので、「活躍」しているといえるほどの実績はないのですが、たとえば公的な機関――教育相談所や児童相談所、精神保健福祉センターなどに幅広く就職しています。それから、個人の精神科クリニックあるいは精神病院といったような、民間の医療施設にいく人もいます。いわゆる精神医療施設ですね。そのほかは、スクールカウンセラーなどの学校関連の仕事に、非常勤や契約などで就いている人もいます。非常勤の場合は複数の職場で働いているようですね。

斉藤――臨床心理士は就職が厳しいといわれるなかで、こちらの卒業生はみなさん就職を決められているとうかがっていますが……。

狩野――みんな就職していますね。去年の春に卒業した人も、もうほとんど就職しています。

斉藤――たいへん優秀な方が多いのですね。

狩野――どうなんでしょうか。いずれにしても、就職率はいいですね。

斉藤――就職先は、みなさんご自分で探されているのですか?

狩野――そうですね。基本的には自分で探しています。もちろん相談に乗ることはありますが、必ずしもわれわれの紹介でなければ就職できないというものでもないですし、自分で探してきて応募して、それで試験を受けて、採用されています。

斉藤――先生が紹介されることもあるのですか？

狩野――募集をしているところがあれば、情報を提供することはあります。

斉藤――臨床心理士を募集しているところから、求人が学校に来るといったようなこともありますか？

狩野――それもありますね。それからいまどきはインターネットですね。これが圧倒的に多いようです。インターネットは瞬時に検索できますし、募集をかける側も積極的にインターネットに載せるんですね。いまはそのほうが、お互いにメリットがあるようになってきているのではないでしょうか。選択する側にとっても、される側にとっても。

斉藤――かつては、教授の紹介でないと就職先が見つからないということがあったと思うのですが、いまはそうではないということですね。

狩野――いまは、そういうことは減ってきていると思います。

斉藤――次に臨床心理士全体のことについておうかがいしたいのですが、今後、臨床心理士は、日本ではどのようになっていくとお考えですか？

狩野――私は、わりあい楽観論者で、いずれ国家資格化するでしょうし、経験のある臨床心理士や現場で働けるような臨床心理士は、相当数必要とされていると思います。臨床心理士は、必要な数がまだ完全に満たされていないのです。というのは、いま、大学で指導する教員がようやく満たされつつあるといった状況だからです。教員は、それぞれ現場で実務の経験はあるわけですが、主に教育、つまり臨床心理士を育てる仕事をやっていますから、実務のほうは、まだ人数的には不足しているのです。臨床心理士の仕事を教育・研究・臨床と三つに分けるとすると、教育を中心にする人が、いまやっとそろってきたところなのです。

臨床心理士といっても、十年目くらいまでは経験も浅いですし、誰か指導者のもとで仕事をすることになります。やはり独り立ちするまでにある程度の時間がかかるわけです。それが、十年、二十年と経験を積むと、今度はそういう人たちが、だんだん教育者としての仕事をするようになってきます。このようなことを考えると、社会のニーズと供給されている数からすると、実際にはまだまだ活躍の領域は拡大するのではないかと思いますね。

斉藤――特にこの領域で臨床心理士が不足しているとか、これから必要とされるであろうということについて、何かお感じになることはありますか？

狩野――それは、まず医療の現場です。医療のあらゆる分野――精神科、小児科、ターミナルケア、リハビリテーション、それらどうしても臨床心理士が必要な領域というのは、たくさんあるんです。

それから、学校教育現場もそうでしょう。さらに、福祉の領域は、意外に臨床心理士がまだ十分には浸透していません。この領域はもっと必要になってくるでしょう。いま、医療と福祉が連携をとっていますから、必要性は高まりますね。産業メンタルヘルス、司法や行政の分野などでも臨床心理士が活躍する舞台はもっと広がるでしょう。もちろん、経験を積んだ人には、臨床心理士を育てる教育分野での仕事もあります。

斉藤――いま、臨床心理士はたいへん注目されていますし、希望する人が多いのですが、そういったみなさんに一言、アドバイスをお願いします。

狩野――私は精神分析を専門にしていますが、現代的な意味で臨床心理学をつくった人というのは、精神分析家だったわけです。ですから、臨床心理学の基礎というのは、いってみれば、精神分析学なのです。そして、その精神分析の考え方というのは、治療法自体が援助方法でもあるし、研究方法でもあるのです。そのため、臨床心理学のどの分野を専門にした場合でも、臨床心理士は、単に治療するとか援助するというだけではなくて、絶えず研究する姿勢というのも、生涯もちつづけていくことが大事なのではないかと思いますね。

斉藤——つまり、臨床心理士の資格を取っただけでなくて、もちろんその後もいろいろなところで研究して、自分に力をつけていく必要があるということですね。

狩野——そうですね。医療では生涯学習といいますし、臨床心理でも生涯、絶えず研修を受けなければいけません。さらに、研修レベルだけではなくて、「研究」レベルのことをやってほしい。臨床心理士というのは絶えず「研究」をしていくんだという、そういう姿勢が必要なのではないかと思います。

斉藤——どうもありがとうございました。

（二〇〇六年一月十日）

第6章 大学院での生活と就職について

6-1 指定大学院のカリキュラム

指定大学院では、どのようなカリキュラムが設けられているのでしょうか。指定大学院のカリキュラム・モデルをご紹介します。

指定大学院カリキュラム・モデル

必修科目
臨床心理学特論　………四単位（一年次）―専
臨床心理面接特論………四単位（一、二年次前期）―実専
臨床心理査定演習………四単位（一、二年次前期）―実専
臨床心理基礎実習………二単位（一年次）―実
臨床心理実習　………二単位（二年次）―実
計十六単位　（　）：開講年次

選択必修科目
A群　心理学研究法特論―研

心理統計法特論―研
臨床心理学研究法特論―研

B群

人格心理学特論
発達心理学特論
学習心理学特論
認知心理学特論
大脳生理学特論
比較行動学特論
教育心理学特論

C群

社会心理学特論
集団力学特論
社会病理学特論
家族心理学特論
犯罪心理学特論
臨床心理関連行政論

D群　精神医学特論
心身医学特論
老年心理学特論
障害者（児）心理学特論
精神薬理学特論

E群　投映法特論―実
心理療法特論―実
学校臨床心理学特論―実
グループ・アプローチ特論―実
コミュニティ・アプローチ特論―実

注
・「専」は専門活動、「実」は実践活動、「研」は研究活動。
・B群、C群、D群の科目群は専門活動を基礎的に担保する専門関連科目であると同時に、実践活動を有効化させる基礎的関連科目でもある。「専」と「実」の複合的性格を有しているといえる。
（大塚義孝編『臨床心理学原論』〔「臨床心理学全書」第一巻〕、誠信書房、二〇〇四年、から）

臨床心理士の指定大学院（修士課程）では、二年間で前記の必修五科目（十六単位）と、AからEの五領域から各群二単位以上を取得することになっています。またこれとは別に、修士論文を提出します。

選択科目には、大学院の特色があらわれるといっていいでしょう。科目によって、その大学院の教授・助教授が担当する場合もあれば、ほかの講師が担当する場合もあります。大学院で発行している学校案内や募集要項には、開講されている科目や、それぞれの科目を担当している先生が載っていることが多いようです。これは、その大学院が力を入れている分野や、先生の専門を知る手がかりになりますので、志望校を決める際の参考にもなるでしょう。

6-2 大学院生の一週間

大学院に合格したあとは、どのような一週間を過ごすことになるのでしょうか。

一週間に受講する授業のコマ数や大学院に通う日数などは、それぞれの大学院で用意されている時間割りや、どの科目を選択するかによっても異なります。

一般的にいって、一年次には週四、五日通学するのが標準と考えてください。二年次ではそれよりも授業は減りますが、そのかわり、実習や修士論文に時間を割くことになります。

大学院（昼間開講）の時間割り例

	月	火	水	木	金	土
1限 (9：00〜 10：30)	臨床心理学特論Ⅰ	臨床心理基礎実習	発達臨床演習Ⅰ	コミュニティ・アプローチ特論		
2限 (10：40〜 12：10)	臨床心理査定特論Ⅰ	比較行動学特論	臨床発達査定法特論	臨床心理面接特論Ⅰ		
3限 (13：00〜 14：30)	児童青年精神医学特論Ⅰ	心理統計法特論				
4限 (14：40〜 16：10)	犯罪・社会臨床学特論					

大学院（夜間開講）の時間割り例

	月	火	水	木	金	土
1限 (9：00〜 10：30)	臨床心理査定演習					
2限 (10：40〜 12：10)	臨床心理特講					
3限 (13：00〜 14：30)	臨床心理基礎実習					
4限 (14：40〜 16：10)	臨床心理基礎実習					
5限 (16：20〜 17：50)	臨床心理基礎実習					
6限 (18：15〜 19：45)	精神医学特講	発達心理学特講Ⅰ	心理療法特講	事例研究	臨床心理特講Ⅱ	
7限 (19：55〜 21：25)	臨床心理特講	心理学統計法特講	臨床心理特講Ⅲ			

ここでは、時間割りのモデルケースをご紹介します。

夜間開講の大学院の場合は、平日は毎日、土曜日は午前中から夕方まで授業があるのが一般的です。このほかに、夏期などに集中講義が組まれることもあります。

昼間・夜間を問わず、空き時間には授業の予習やレポートの作成をしなければなりません。さらに、自主的な勉強会や研究会に参加することもあります。このほか、学部時代に心理学を専攻していなかった人は、空き時間に学部の授業をすすんで受講し、不足している知識を補うケースもあるでしょう。

このようなことを考えると、授業がない時間帯だからといって、ゆっくり休めるわけではありません。また、最低限受講しなければならない科目だけを受講して大学院を修了することもできますが、普通はそれよりもたくさんの科目を受講することが多いようです。

学内での勉強のほかに、授業の合間を縫って、クリニックや教育相談所などで心理関連のアルバイトをしたり、不登校児の家庭教師をしたり、あるいはボランティアに参加したりして、経験の幅を広げていく人もいます。

このように考えると、大学院生の一週間のスケジュールは、かなり密度が濃いものになります。

6-3 学費はこれだけかかる

大学院に進学する場合、学費はどれくらいかかるのでしょうか。

非常に大雑把な目安を言いますと、入学金も含めた初年度の納入金は、国公立の大学院で約八十万円、私立の大学院で約百万円と考えておけばいいでしょう。

ただし、国立の大学院は、学校による学費の差がほとんどないのに対して、私立では大きな開きがあります。初年度納入金が九十万円程度と、国立とさほど変わらない学校もありますが、一方で、初年度納入金が百五十万円くらいかかる学校もあります。そのため、自分の経済状況と照らし合わせて無理のない計画を立てましょう。

参考までに、国立・私立の大学院の納入金の例を以下にご紹介します。

国立A大学大学院
　入学金二十八万二千円
　授業料五十二万八百円

私立K大学大学院の場合
　入学金二十五万円

授業料五十四万円
施設費十六万円
実験・臨床実習費六万円
教育後援会費ほか四万五千円

私立T大学大学院の場合
入学金五十万円
授業料八十四万円
施設拡充費十四万二千円
実験・実習費二万円

二年次の納入金は入学金が必要ありませんので、そのぶん一年目よりは安くなります。

特に注意したいのは、私立の大学院の場合、学費以外にも納入金がいくらか必要だということです。施設費や教育拡充費、同窓会の会費など、入学金と授業料のほかにも納めなければならない費用があるケースが大半です。また、臨床心理学専攻の場合は、実験・実習費がかかることが多いので、この点も計算に入れておきましょう。

入学金と授業料だけを見るとさほど学費がかからないように見える大学院でも、総額では思った以上の金額になることがあります。進学に際しての資金計画は、納入金の総額を計算して立てるようにしましょう。

なお、大学院によっては、自校の卒業生には、学外生よりも入学金などを安くしていることがありますから、この点も募集要項で確認しておくといいでしょう。

ところで、これらの納入金のうち、入学前にはどの程度を用意しておけばいいのでしょうか。

授業料や施設費などは、前期と後期で分納できることがほとんどです。また、大学院入学後は、奨学金やアルバイトで学費をまかなうことができるでしょう。しかし、だからといって、初回の納入金だけの貯金では心許ないものです。最低限、初年度納入金、つまり八十万から百万円くらい準備しておくことが、一つの目安と考えられます。もちろん、自宅から通学するか下宿するかによっても用意すべき金額は異なるでしょうし、配偶者がいる場合は、パートナーの収入の状況も考慮しなくてはなりませんから、個人の実態に合わせて準備しましょう。

日本学生支援機構の奨学金は月十三万円まで借りることができるので、これを初年度の学費にあてるという考え方もあります。でも、熱心に勉強すればするほど、学会にも入会したくなるでしょうし、学外の研修会などにも参加したくなるでしょう。遠方の学会に参加するとなれば、交通費や宿泊費がかかります。また専門書も購入したくなるものです。そのようなことを考えると、資金には多少の余裕をもっておいたほうが安心というものです。

大学院生でアルバイトをやっている人もいるようです。もちろん学業に支障が出ないようにすることが前提ですが、もし心理学関連のアルバイトを見つけたら、積極的にやってみるというのもいいかもしれません。

たとえば、不登校児のメンタルフレンドや家庭教師、クリニックやデイケアなどでの受け付けやスタッフの補助、療育施設での子どもたちのトレーニングの補助などは、どれも将来に役立つ経験といえます。勉強しながら給料ももらえると考えれば、アルバイトも有意義だと思います。

他方、仕事を続けながら夜間や通信の大学院に進学する場合は、時間のやりくりに苦労することはあっても定収入がありますから、学費の問題で頭を悩ませることは少ないでしょう。

6-4 奨学金について

大学院入学後には、奨学金で金銭的な支援を受けられる仕組みがいくつかあります。ここでは、それらをご紹介します。

6-4-1 日本学生支援機構(日本育英会)の奨学金について

日本学生支援機構では、無利息の第一種奨学金と、利息付きの第二種奨学金を貸与しています。

金額は、第一種奨学金が月額八万八千円、第二種奨学金は月額五万円・八万円・十万円・十三万円から選択できるようになっています（二〇〇五年度〔平成十七年度〕入学者の場合）。このほか、入学時特別増額貸与奨学金制度として、入学月には三十万円を増額することができます。

奨学金の申し込みは学校を通じておこなわれますので、掲示板などに注意しておきましょう。

日本学生支援機構の奨学金は、もちろん大学院生だけでなく大学生にも貸与されますので、大学進学や学部編入者も対象になります。

「奨学金」というと、よほど優秀でないと対象にならない印象があるかもしれませんが、この奨学金は全国で約百万人が利用していて、最も身近で借りやすい奨学金といってもいいでしょう。

ちなみに、第一種奨学金は定員も少なく条件も厳しいためか、候補者の三五パーセント程度が採用されていますが、第二種であれば定員も多く、希望者のほとんどが採用されている状況のようです。

6-4-2 その他

各大学・大学院が独自の奨学金や特待生制度を設けている場合もあります。これはその学校ごとの基準があるので、それに該当していなければなりません。

奨学金の目的が成績優秀者をたたえる意味合いが強いものであれば、入試での成績や入学後の成績をもとに選抜されたり、選考のための試験がおこなわれたりします。経済的に学業を続けることが困難な学生の支援が目的ならば、本人や家族の経済状況をもとに判断されるでしょう。

私立大学では、以前から奨学金制度を用意している学校が珍しくありませんでした。しかし最近では、国立大学も独立行政法人となったのを機に、独自の奨学金制度や授業料減免制度を充実させてきています。

このほかにも、都道府県や市町村などの奨学金制度もあります。担当部署は自治体によってまちまちですが、教育か福祉関連の窓口であることが多いようです。通常の奨学金は教育関連の窓口、母子家庭向けの奨学金は福祉の窓口というように、担当が分かれていることもあります。このような地方公共団体の奨学金は、約八百団体で実施されています。

それから、民間の育英団体で貸与や給付をおこなっているところも数多くあります。社団法人や財団法人では約八百五十団体が実施しています。

このほか、民間企業が実施している奨学金制度もあります。

現役大学院生に話を聞くと、奨学金とアルバイトで学費や生活費をまかなっている人が多いようです。また、奨学金ではなく、教育ローンを利用する方法もあります。国民生活金融公庫では、低利で国の教育ローンを扱っていますし、民間の金融機関でも教育ローンを組むことができます。

6-5 就職の実際

大学院を修了したあとの、就職の実態はどのようになっているのでしょうか。

就職先に関しては、決して誰もが簡単に決まるわけではなく、だいぶ個人差があるようです。就職に至る経路も大学生の就職活動とはだいぶ違いますので、代表的なパターンをご紹介します。

(1) 大学院の先輩や教授からの紹介

すでに就職している先輩の転職にともなう欠員補充や、先生が関わっている機関の求人などは紹介で決まることがあります。大学院に求人が来た場合も、先生から紹介されることがあります。

(2) 実習先に就職する

修士課程在学時の実習先がそのまま就職先になるケースもあります。もちろん、実習での評価が高いことが前提ですが、タイミングよく採用の計画があれば、声をかけてもらえることがあります。

(3) 公募

自治体の求人であれば、都道府県や市区町村の広報誌に情報が掲載されていることがあります。また、ホームページなどでも募集の情報が探せるでしょう。大学院に送られてきた求人が、院の掲示板に掲示されているところもあります。

このほか、同期の友人や、研究会などで知り合った仲間から公募情報が得られることもあるでしょう。

近頃では、インターネットに臨床心理士の求人情報を掲載している掲示板もありますし、臨床心理士の仕事を紹介している人材紹介会社もあります。

ただし、大学院を修了したとはいえ、臨床心理士の資格認定試験を受験できるのは、第一種指定校修了者の場合は修了した年の十月、第二種指定校修了者の場合は、修了した翌年の十月です。したがって、大学院を修了した時点では、資格のないまま就職することになります。

求人があったとしても、応募資格が「臨床心理士資格取得見込み者」なら問題はありませんが、「臨床心理士」でなければならないのであれば、修了直後では条件を満たしていないことになります。また、「臨床心理士取得後、三年以上の心理臨床経験がある者」など、現場経験の年数が応募の条件になっているものもみられます。このような場合は、非常勤などで経験を積んだあとに、就職を目指すことになります。

臨床心理士の世界では、大学院を修了した直後に正規の職員として就職するケースは、それほど多くはありません。それは、前述したように、大学院を修了した直後ではまだ資格を保持していないという事情もあるでしょう。また、学問的な知識に加えて臨床経験も重要視される専門職であるだけに、大学院を修了しただけでは、なかなか一人前とは認められないということも関係しているのかもしれません。

非常勤で働くということは、身分が不安定であり、社会保険やボーナスの面での不利は否めません。しかし、若いうちの数年間で非常勤職員としての経験を積んでおくことが、のちのち非常に大きな財産となることがあります。非常勤職であれば、異なる領域の仕事をいくつか掛け持ちすることが可能です。そのため、自分が対応できる幅を広げ、将来のために経験を深めていけると考えることもできます。給料をもらいながらプロとして必要ないろいろな経験ができるととらえるならば、非常勤という立場を最大限に生かすことができるでしょう。

また、人生の一時期には、フルタイムで週五日働くよりも非常勤として働いたほうが時間の融通もきき、都合がいいこともあります。このような場合に、積極的に非常勤という勤務形態を選択する人もいます。もちろん、全体の数からするとさほど多くはないとはいえ、常勤職の募集もありますので、非常勤を選ぶか常勤を選ぶかは、その人の考え方次第ともいえます。

仕事を続けながら夜間や通信の大学院を修了した人や職場から派遣されて大学院に通った人は、その仕事を継続することになるかもしれません。しかし、現在の仕事からより自分が望む仕事に転職することを考えるなら、その準備は、むしろより周到におこなわなければならないでしょう。

6-6 給料の実態について

臨床心理士として仕事をしていくと、いったいいくらくらいの収入が見込めるのでしょうか。

公務員もしくは公務員に準じるような職場で常勤職として働いている場合は、公務員の給与とほぼ同じと考えていいでしょう。民間企業の常勤職は、その会社の給与体系によって決まります。

一方、非常勤職の場合は、時給千円程度から一万円を超えるベテランまでさまざまです。ちなみに、スクールカウンセラーの場合は、時給五、六千円程度となっています。

開業しているカウンセラーであれば、一回一時間程度のカウンセリングで、おおむね七、八千円前後がカウンセリング料の相場といっていいでしょう。ただ、これには地域差や個人の力量によるところも大きいため、一概には言えません。若干の謝礼程度で引き受けているケースもあれば、一万円以上のこともあります。

個人のカウンセリングではなく、企業でのグループセッションや研修プログラムなどをおこなう場合には、その内容によって金額が大きく変わります。また、講演会の講師などを引き受ける場合も、その謝礼は数万円から数十万円まで、実績やキャリアによって大きく差があるといっていいでしょう。

公務員の心理職などの安定した仕事は別としても、個人の実力次第で大きな報酬を得ることができるのが臨床心理士といえるでしょう。もちろんその一方で、必ずしも待遇がいいとはいえない非常勤職をいくつか掛け持ちしている若手がいることも事実です。

このあたりの事情をよく考えたうえで臨床心理士を目指すことが望まれます。「資格さえ取れば安定した仕事が得られる」という甘い考えをもっていると、期待はずれに終わるかもしれません。

逆に、自ら進んで努力し、経験を積み、能力を高めていく心積もりがある人にとっては、たいへん魅力のある仕事といえるでしょう。

これからも臨床心理士の数は、年々増える見込みです。十年後、二十年後に中堅・ベテランとなったあなたが、若手の臨床心理士を指導できるだけの確かな実力をつけているかどうかも、将来の収入に大きく関係してくると思われます。

第7章 臨床心理士資格試験の概要

7-1 試験の形式について

臨床心理士の資格試験は、一次試験（筆記試験）と二次試験（口述面接試験）からなります。

一次試験では、選択式のマークシート試験と小論文試験がおこなわれます。そして、マークシート試験である一定水準に達した人だけが、二次試験を受験できます。

最終的な合否の決定は、一次試験（マークシート、小論文）と、二次試験（口述面接試験）の結果を総合的に判断しておこなわれます。

7-1-1 一次試験

一次のマークシート試験は、百問の多肢選択問題が課せられます。内容は、臨床心理学に関することはもちろん、心理学全般から出題されます。

小論文試験では、九十分の間に、千字から千二百字の小論文が求められます。

7-1-2 二次試験

口述面接試験は、面接官二人に対して受験生一人という形式でおこなわれます。筆記試験は、臨床心理士としての基本的な知識を問うものですが、面接試験では、日頃の臨床活動やどのようなトレーニングを受けているかなど、実践的な内容について聞かれます。

二〇〇五年度（平成十七年度）は、一次試験が十月に東京ビッグサイトで、二次試験が十一月に東京国際フォーラムでおこなわれました。最終的な審査結果の発表は、例年十二月となります。

臨床心理士資格試験で過去に出題された問題は、『臨床心理士資格試験問題集』（日本臨床心理士資格認定協会監修、誠信書房）に収録されています。ただし、公表されている問題は、実際に出題されたマークシート問題の約三分の一にとどまります。小論文試験や面接試験にいたっては、実際に受験した人から情報を得るしかありません。

『臨床心理士資格試験必勝マニュアル』（藤田祐美、新曜社、二〇〇五年）には、非公開になっている部分も含めて、受験者から寄せられた多くの情報がまとめられています。

大学院では、主に自分が専門とする研究分野を中心に研究することになります。しかし、実際の臨床場面では、深い専門性に加えて、基本的な心理学の幅広い知識も必須です。そのため、臨床心理士資格試験では、心理学の基礎領域からも出題されています。

したがって、この試験に合格するためには、大学院での勉強だけでなく、もう一度、心理学全般にわたっての知識を整理しておく必要があるでしょう。

また、筆記試験を通過し、面接試験にも合格してはじめて臨床心理士になれます。ペーパーテストで臨床心理士としてもつべき基本的な知識を確認し、そのうえで面接をおこなうことによって、日頃の臨床活動などについて聞かれるわけです。

つまり、専門家としての知識と実践活動の両方が備わっていてはじめて臨床心理士になれるということです。

7-2 合格率について

臨床心理士資格認定試験の受験者は、ここ数年、増加傾向にあります。指定大学院を修了した人の多くがこの試験を受験すると思われますので、指定大学院の増加にともなって大学院修了生の受験生は今後もますます増えるでしょう。

一方、第5章で説明したように、大学卒業後五年以上の臨床経験を経ての受験は、今後は認められなくなります。また、指定大学院以外の大学院を修了した人も、今後は資格試験を受けられなくなりますので、受験生の質も変わってくるものと思われます。

二〇〇五年度（平成十七年度）の試験では、二千九百人あまりが受験して、六割強が合格しました。

これによって、臨床心理士の資格保持者は、一万五千人を超えることになりました。

資格試験の合格率は、例年、おおむね六、七割といっていいでしょう。合格率を見ると、比較的合格しやすいように思えるかもしれませんが、出題内容は当然のことながら心理学の専門的な知識が必要なものばかりです。三、四割の受験生は不合格となっていることを考えるならば、決して準備に力は抜けません。大学院での日頃の学びに加えて、試験の傾向をしっかりとふまえて準備をしてから臨みましょう。

臨床心理士資格試験では、二次

臨床心理士資格試験の受験データ

年度	受験者数	合格者数	合格率	合格者累計
1988年 (昭和63年)	1,841	1,595 (23)	86.6	1,595 (23)
1989年 (平成1年)	1,013	683 (16)	67.4	2,278 (39)
1990年	1,044	731 (38)	70.0	3,009 (77)
1991年	666	477 (24)	71.6	3,486 (101)
1992年	420	299 (19)	71.2	3,785 (120)
1993年	347	231 (20)	66.6	4,016 (140)
1994年	495	345 (10)	69.7	4,361 (150)
1995年	938	676 (54)	72.1	5,037 (204)
1996年	590	433 (9)	73.4	5,470 (213)
1997年	575	411 (8)	71.5	5,881(221)
1998年	672	503 (10)	74.9	6,384 (231)
1999年	971	701 (25)	72.2	7,085 (256)
2000年	1,175	827 (36)	70.4	7,912 (292)
2001年	1,290	887 (26)	68.8	8,799 (318)
2002年	1,774	1,284 (29)	72.4	10,083 (347)
2003年	2,266	1,450 (34)	64.0	11,533 (381)
2004年	2,809	1,720 (20)	61.2	13,253 (401)
2005年	2,905	1,844 (17)	63.5	15,097 (418)

(　) 内は、合格者に占める医師免許取得者の数
(財) 日本臨床心理士資格認定協会の発表による

試験として面接が課されます。面接では、日ごろの実践活動やスーパービジョンについても聞かれますから、机の上での勉強だけでは合格できません。知識に加えて、実践家としての力も問われます。これらを大学院での実習などを通じて身につけていきましょう。

臨床心理士になるためには、二つのハードルが存在します。一つは大学院入試、もう一つは資格試験です。一つ目のハードルを乗り越えたとしても、二つ目のハードルが乗り越えられなければ、臨床心理士を名乗ることはできません。

受験する側にとってはたいへんかもしれませんが、厳しい試験をパスすることで専門家としての質が保障されることになるのです。したがって、大学院受験で合格を手にしたあとも勉強を続け、目指す資格取得まで努力を重ねてください。

巻末資料

指定大学院一覧 ［日本臨床心理士資格認定協会発表］

●毎年新たに大学院が指定されています。最新の指定校は日本臨床心理士資格認定協会のホームページなどでご確認ください。

第1種指定大学院

［国公立］

大学院名	研究科名	専攻名	領域（コース）名
鹿児島大学大学院	人文社会科学研究科	臨床心理学専攻	
大分大学大学院	教育学研究科	学校教育専攻	臨床心理学コース
九州大学大学院	人間環境学府	人間共生システム専攻	心理臨床学コース
愛媛大学大学院	教育学研究科	学校臨床心理専攻	臨床心理学コース
鳴門教育大学大学院	学校教育研究科	学校教育専攻	教育臨床コース・臨床心理分野
徳島大学大学院	人間・自然環境研究科	臨床心理学専攻	
山口大学大学院	教育学研究科	学校教育専攻	学校臨床心理学専修
広島大学大学院	教育学研究科	心理学専攻	心理臨床学コース
島根大学大学院	教育学研究科	学校教育専攻	学校教育専修・臨床心理学分野
兵庫教育大学大学院	学校教育研究科	学校教育専攻	教育臨床心理コース
神戸大学大学院	総合人間科学研究科	人間発達科学専攻	臨床心理学コース

大阪大学大学院	人間科学研究科	人間科学専攻	臨床心理学研究分野
京都大学大学院	教育学研究科	臨床教育学専攻	心理臨床学領域
京都教育大学大学院	教育学研究科	学校教育専攻	教育臨床心理学分野
岐阜大学大学院	教育学研究科	学校教育専攻	学校教育専修・学校臨床心理学領域
名古屋大学大学院	教育発達科学研究科	心理発達科学専攻	心理臨床科学領域
愛知教育大学大学院	教育学研究科	学校教育臨床専攻	臨床心理学コース
静岡大学大学院	人文社会科学研究科	臨床人間科学専攻	臨床心理学コース
信州大学大学院	教育学研究科	学校教育専攻	臨床心理学専修
横浜国立大学大学院	教育学研究科	学校教育臨床専攻	臨床心理学コース
東京大学大学院	教育学研究科	総合教育科学専攻	臨床心理学コース
お茶の水女子大学大学院	人間文化研究科	発達社会科学専攻	発達臨床心理学コース
上越教育大学大学院	学校教育研究科	学校教育専攻	臨床心理学コース
筑波大学大学院	人間総合科学研究科	ヒューマン・ケア科学専攻	発達臨床心理学分野・臨床心理学分野
東北大学大学院	教育学研究科	総合教育科学専攻	臨床心理研究コース
山形大学大学院	教育学研究科	学校教育専攻	臨床心理学分野
秋田大学大学院	教育学研究科	学校教育専攻	心理教育実践専修臨床心理学分野
弘前大学大学院	教育学研究科	学校教育専攻	臨床心理学分野
大阪市立大学大学院	生活科学研究科	生活科学専攻	臨床心理学コース

【私立】

大学院名	研究科名	専攻名	領域（コース）名
鹿児島純心女子大学大学院	人間科学研究科	心理臨床学専攻	
志學館大学大学院	心理臨床学研究科	心理臨床学専攻	
別府大学大学院	文学研究科	臨床心理学専攻	
長崎純心大学大学院	人間文化研究科	人間文化専攻	臨床心理学分野
久留米大学大学院	心理学研究科	臨床心理学専攻	
福岡大学大学院	人文科学研究科	教育・臨床心理専攻	臨床心理分野
九州産業大学大学院	国際文化研究科	国際文化専攻	臨床心理学コース
福岡女学院大学大学院	人文科学研究科	臨床心理学専攻	
徳島文理大学大学院	人間生活学研究科	心理学専攻	臨床心理学コース
東亜大学大学院	総合学術研究科	臨床心理学専攻	
宇部フロンティア大学大学院	人間科学研究科	臨床心理学専攻	
広島文教女子大学大学院	人間科学研究科	教育学専攻	臨床心理学コース
安田女子大学大学院	文学研究科	教育学専攻	臨床心理学コース
広島国際大学大学院	総合人間科学研究科	臨床心理学専攻	
比治山大学大学院	現代文化研究科	臨床心理学専攻	

吉備国際大学大学院	臨床心理学研究科	臨床心理学専攻	
川崎医療福祉大学大学院	医療福祉学研究科	臨床心理学専攻	
ノートルダム清心女子大学大学院	人間生活学研究科	人間発達学専攻	臨床心理学コース
甲子園大学大学院	人間文化学研究科	人間文化学専攻	臨床心理学コース
武庫川女子大学大学院	文学研究科	心理臨床学専攻	
神戸女学院大学大学院	人間科学研究科	人間科学専攻	臨床心理学分野
甲南大学大学院	人文科学研究科	人間科学専攻	心理臨床分野
甲南女子大学大学院	人文科学総合研究科	心理・教育学専攻	臨床心理学コース
神戸松蔭女子学院大学大学院	文学研究科	心理学専攻	臨床心理学コース
関西国際大学大学院	人間行動学研究科	人間行動学専攻	臨床心理学コース
神戸親和女子大学大学院	文学研究科	心理臨床学専攻	
大阪樟蔭女子大学大学院	人間科学研究科	臨床心理学専攻	
帝塚山学院大学大学院	人間科学研究科	人間科学専攻	臨床心理学コース
関西福祉科学大学大学院	社会福祉学研究科	心理臨床学専攻	
関西大学大学院	社会学研究科	社会心理学専攻	臨床心理学専修
梅花女子大学大学院	文学研究科	心理臨床学専攻	
追手門学院大学大学院	文学研究科	心理学専攻	臨床心理学コース
天理大学大学院	臨床人間学研究科	臨床心理学専攻	

京都光華女子大学大学院	人間関係学研究科	心理学専攻	臨床心理コース
京都文教大学大学院	臨床心理学研究科	臨床心理学専攻	
京都ノートルダム女子大学大学院	心理学研究科	臨床心理学専攻	
立命館大学大学院	応用人間科学研究科	応用人間科学専攻	臨床心理学領域
佛教大学大学院	教育学研究科	臨床心理学専攻	
中京大学大学院	心理学研究科	臨床・発達心理学専攻	臨床心理学領域
日本福祉大学大学院	社会福祉学研究科	心理臨床専攻	
金城学院大学大学院	人間生活学研究科	人間発達学専攻	臨床心理学分野
愛知淑徳大学大学院	コミュニケーション研究科	心理学専攻	臨床心理学系
愛知学院大学大学院	心身科学研究科	心理学専攻	臨床心理士養成コース
椙山女学園大学大学院	人間関係学研究科	人間関係学専攻	臨床心理学領域
人間環境大学大学院	人間環境学研究科	人間環境専攻	臨床心理研究指導分野
仁愛大学大学院	人間学研究科	心理学専攻	臨床心理コース
金沢工業大学大学院	心理科学研究科	臨床心理学専攻	
山梨英和大学大学院	人間文化研究科	臨床心理学専攻	
専修大学大学院	文学研究科	心理学専攻	臨床心理学領域
日本女子大学大学院	人間社会研究科	心理学専攻	臨床心理学領域
帝京大学大学院	文学研究科	臨床心理学専攻	

立教大学大学院	文学研究科	心理学専攻	臨床心理学領域
大正大学大学院	人間学研究科	臨床心理学専攻	
青山学院大学大学院	文学研究科	心理学専攻	臨床心理学コース
立正大学大学院	心理学研究科	臨床心理学専攻	
目白大学大学院	心理学研究科	臨床心理学専攻	
明治学院大学大学院	心理学研究科	心理学専攻	心理臨床コース
東洋英和女学院大学大学院	人間科学研究科	人間科学専攻	臨床心理学領域
昭和女子大学大学院	生活機構研究科	心理学専攻	臨床心理学講座
駒澤大学大学院	人文科学研究科	心理学専攻	臨床心理学コース
東京家政大学大学院	文学研究科	心理教育学専攻	臨床心理学コース
大妻女子大学大学院	人間関係学研究科	臨床心理学専攻	
明治大学大学院	文学研究科	臨床人間学専攻	臨床心理学専修
ルーテル学院大学大学院	総合人間学研究科	臨床心理学専攻	
駒沢女子大学大学院	人文科学研究科	臨床心理学専攻	
武蔵野大学大学院	人間社会・文化研究科	人間社会専攻	臨床心理学コース
法政大学大学院	人間社会研究科	臨床心理学専攻	
上智大学大学院	総合人間科学研究科	心理学専攻	臨床心理学コース
桜美林大学大学院	国際学研究科	人間科学専攻	臨床心理学専修

創価大学大学院	文学研究科	教育学専攻	臨床心理学専修
明星大学大学院	人文学研究科	心理学専攻	臨床心理学コース
白百合女子大学大学院	文学研究科	発達心理学専攻	発達臨床心理学コース
国際基督教大学大学院	教育学研究科	教育原理専攻	臨床心理学専修
東京成徳大学大学院	心理学研究科	臨床心理学専攻	
早稲田大学大学院	人間科学研究科	人間科学専攻	臨床心理学領域
跡見学園女子大学大学院	人文科学研究科	臨床心理学専攻	
文京学院大学大学院	人間学研究科	心理学専攻	臨床心理学コース
文教大学大学院	人間科学研究科	臨床心理学専攻	
東京国際大学大学院	臨床心理学研究科	臨床心理学専攻	
聖徳大学大学院	臨床心理学研究科	臨床心理学専攻	
淑徳大学大学院	社会学研究科	心理学専攻	臨床心理学領域
東京福祉大学大学院	社会福祉学研究科	臨床心理学専攻	
いわき明星大学大学院	人文学研究科	臨床心理学専攻	
東北福祉大学大学院	総合福祉学研究科	福祉心理学専攻	臨床心理学分野
札幌学院大学大学院	臨床心理学研究科	臨床心理学専攻	
札幌国際大学大学院	心理学研究科	臨床心理実務専攻	
北海道医療大学大学院	心理科学研究科	臨床心理学専攻	臨床心理学領域

第2種指定大学院

【国公立】

大学院名	研究科名	専攻名	領域（コース）名
琉球大学大学院	教育学研究科	学校教育専攻	臨床心理学専修
宮崎大学大学院	教育学研究科	学校教育専攻	教育臨床心理専修　臨床心理学領域
熊本大学大学院	教育学研究科	学校教育専攻	臨床心理学分野
福岡教育大学大学院	教育学研究科	学校教育専攻	教育臨床心理学分野
香川大学大学院	教育学研究科	学校臨床心理専攻	
岡山大学大学院	教育学研究科	学校教育臨床専攻	臨床心理学履修コース
東京学芸大学大学院	教育学研究科	学校心理専攻	臨床心理コース
茨城大学大学院	教育学研究科	学校臨床心理専攻	学校臨床心理専修
福島大学大学院	教育学研究科	学校臨床心理専攻	臨床心理領域
岩手大学大学院	人文社会科学研究科	人間科学専攻	臨床心理学領域
新潟大学大学院	教育学研究科	学校教育専攻	臨床心理学分野
北海道教育大学大学院	教育学研究科	学校臨床心理専攻	
福岡県立大学大学院	人間社会学研究科	生涯発達専攻	心理臨床分野
首都大学東京大学院	人文科学研究科	心理学専攻	臨床心理学コース
岩手県立大学大学院	社会福祉学研究科	社会福祉学専攻	臨床心理コース

放送大学大学院	文化科学研究科	文化科学専攻	臨床心理プログラム

【私立】

大学院名	研究科名	専攻名	領域（コース）名
沖縄国際大学大学院	地域文化研究科	人間福祉専攻	臨床心理学領域
西九州大学大学院	健康福祉学研究科	健康福祉学専攻	臨床心理コース
京都学園大学大学院	人間文化研究科	人間文化専攻	臨床心理学コース
京都女子大学大学院	文学研究科	教育学専攻	臨床心理学領域
龍谷大学大学院	文学研究科	教育学専攻	臨床心理学領域
川村学園女子大学大学院	人文科学研究科	心理学専攻	臨床心理学領域
東海大学大学院	文学研究科	コミュニケーション学専攻	臨床心理学系
学習院大学大学院	人文科学研究科	心理学専攻	臨床心理学コース
東京女子大学大学院	文学研究科	心理学専攻	臨床心理学分野
日本大学大学院	文学研究科	心理学専攻	臨床心理学コース
聖心女子大学大学院	文学研究科	人間科学専攻	臨床心理学研究領域
常磐大学大学院	人間科学研究科	人間科学専攻	臨床心理学領域
浅井学園大学大学院	人間福祉学研究科	臨床心理学専攻	
北星学園大学大学院	社会福祉学研究科	臨床心理学専攻	

あとがき

本書は、心理の仕事に興味をもっているみなさんや、臨床心理士になるために大学院受験を予定しているみなさんに読んでいただきたいと思い執筆しました。

臨床心理士という資格はこれからの日本の社会では必要とされていて、非常に注目もされています。資格を付与している団体の信頼性も高く、将来的にもほかの資格と比べて資格の価値は高いといえます。

しかし、そのぶん、しっかりとしたトレーニングを受けて、専門家としての資質を高めなければ取得できない資格でもあります。大学院の二年間で学んだうえで、資格試験に合格してはじめて資格が取得できます。しかも、資格取得がゴールではありません。車にたとえれば、資格取得は免許を取得できたにすぎません。ですから、資格取得後も、常に腕を磨いていかなければなりません。

本書では、いい面ばかりではなく、そのような厳しい面にも言及したつもりです。楽をして取得できる資格ではありませんが、人の心を扱うことは、そう一筋縄ではいきませんから、それなりのしっかりした勉強は必要になります。

大学院では専門家になるための楽しく、そして厳しい、充実した訓練が待っていますが、それまでの勉強とは異なり、実習や修士論文の作成を含めて、自ら積極的に動いていかなければなりません。就職する際にも、自らすすんでチャンスをつかみとっていく姿勢が望まれます。

本書の読者が幾多の試練を乗り越え、専門家としてはばたかれることを願っています。

最後になりましたが、本書をまとめるにあたり、たくさんの皆様のご助力をいただきました。とりわけお忙しいなか、インタビューのために時間をさいてくださいました横浜国立大学保健管理センターの堀之内高久先生、東京国際大学大学院の狩野力八郎先生には、この場を借りて心からお礼を申し上げます。

また、入試の体験や大学院の情報をお寄せくださった大学院生や臨床心理士の皆様のご協力なしには、本書の完成はありえませんでした。重ねて感謝申し上げます。ありがとうございました。

斉藤智弘

［著者略歴］
斉藤智弘（さいとう ともひろ）
1974年、神奈川県生まれ
明治学院大学文学部心理学科卒業、横浜国立大学大学院教育学研究科障害児教育専攻修了
東京障害者職業センター、東京福祉保育専門学校専任教員、東京福祉大学通信教育部非常勤講師、近畿大学豊岡短期大学通信部指導員などを経て、現在、心理学専門の予備校ファイブアカデミー代表
共著に『臨床心理士を目指す人の指定大学院完全ガイド』（オクムラ書店）など
運営サイト「臨床心理士指定大学院受験の情報サイト」（http://www.master-cp.jp/）
ブログ「あなたも臨床心理士になれる！――指定大学院受験から資格試験合格までをサポート」（http://blog.livedoor.jp/fiveacademy/）

臨床心理士《りんしょうしんりし》になる方法《ほうほう》

発行………2006年6月22日　第1刷
　　　　　2015年6月10日　第3刷

定価………1600円＋税

著者………斉藤智弘

発行者……矢野恵二

発行所……株式会社青弓社
　　　　　〒101-0061 東京都千代田区三崎町3-3-4
　　　　　電話 03-3265-8548（代）
　　　　　http://www.seikyusha.co.jp

印刷所……厚徳社

製本所……厚徳社

ISBN978-4-7872-1038-8 C0011